Vierundzwanzig Tage

Niemand vermag zu erahnen was uns erwartet
wenn wir neue Wege gehen.
Es werden neue und unerwartete Erfahrungen
sein, ganz anders als der normale Alltagstrott.
Aber durch neue Wege werden wir unsere Welt
und die Menschen darin wieder ein Stück mehr
kennenlernen und verstehen.

AF145814

Der Inhalt

Vorwort

Die Fahrt
26. April 2013

Erster Tag
26. April Saint-Jean Pied-de-Port nach Roncesvalles

Zweiter Tag
27. April Roncesvalles bis Larrasoana

Dritter Tag
28. April Larrasoana nach Obanos

Vierter Tag
29. April Obanos nach Villamayor de Monjardin

Fünfter Tag
30. April Villamayor de Monjardin nach Viana-Navarra

Sechster Tag
1. Mai Viana-Navarra nach Ventosa la Rioja

Siebter Tag
2. Mai Ventosa la Rioja nach Santo Domingo

Achter Tag
3. Mai Santo Domingo nach Villafranca

Neunter Tag
4. Mai Villafranca nach Burgos

Zehnter Tag
5. Mai Burgos nach Hontana

Elfter Tag
6 .Mai Hontana nach Fromista

Zwölfter Tag

7. Mai. Fromista nach Calzilla de la Cueza

Dreizehnter Tag
8. Mai. Calzilla de la Cueza nach Calzadilla de la Cueza

Vierzehnter Tag
9. Mai. Calzadilla de la Cueza nach Puento Villarente

Fünfzehnter Tag
10. Mai. Puemto Villarente nach Villar de Mazarife

Sechzehnter Tag
11. Mai. Villar de Mazarife nach Murias de Rechivaldo

Siebzehnter Tag
12. Mai. Murias de Rechivaldo nach El Acebo

Achtzehnter Tag
13. Mai. El Acebo nach Cacabelo

Neunzehnter Tag
14. Mai. Cacabelos nach La Laguna de Castilla

Zwanzigster Tag
15. Mai. La Laguna de Castilla nach Samos

Einundzwanzigster Tag
16. Mai. Samos nach Portomarin

Zweiundzwanzigster Tag
17. Mai. Portomarin nach Ponte Campana

Dreiundzwanzigster Tag
18. Mai. Ponte Campana nach A Salceda

Vierundzwanzigster Tag
19. Mai. A Salceda nach Monte Gozo
Das Ziel
20. Mai Santiago de Compostela

Der Umweg nach Hause

21. Mai 2013 Santiago nach Porto

Nachlese

Vorwort

Ihr aber seht und sagt: Warum? Aber ich träume und sage: Warum nicht? George Bernard Shaw

Die Idee, einen derart beschwerlichen und langwierigen Weg wie den Jakobsweg zu gehen, ist bei einem eigentlich belanglosen Gespräch mit dem Thema Camino = Weg, entstanden. In der Folge hörte ich mir bei kleinen Spaziergängen die H.P. Kerkeling Variante "Ich bin dann mal weg" an. Letztendlich war meine Motivation körperliche und geistige Strapazen selber zu erleben um zu sehen wie diese sich auf meinen Körper und Psyche auswirken, und um mir zu beweisen, dass auch in der heutigen Zeit Höchstleistungen von einem ganz normalen Mitteleuropäer geleistet werden können. Vom Gedanken bis zur Ausführung sind dann immerhin drei Jahre vergangen.

Sicher wäre dieser Zeitraum von mir immer wieder ausgedehnt worden, wenn ich mich nicht selber unter Druck gesetzt hätte und allen Freunden und Bekannten immer wieder von dem Vorhaben erzählt hätte. So war ich zum Schluss fast gezwungen die Aktion zu starten, ein Kneifen war somit nicht mehr möglich.

Heute steht für mich fest, dass die Wanderung und alle Ereignisse die auf dem

Weg stattfanden, für mich ein absoluter Glücksfall waren. Denn nun kenne ich meine körperlichen und geistigen Grenzen ziemlich genau. Der Weg war das Ziel und je näher man sich diesem näherte desto mehr rückte dieses Bewusstsein in den Vordergrund. Der eigentliche Genuss der Wanderung entstand für mich erst nachdem ich die Strapazen gewöhnt war und die Modalitäten von Weg und Herbergssuche beherrschte. Ich habe interessante und weniger interessante Menschen kennengelernt, aber auch Fremde die in kürzester Zeit zu wertvollen Freunden geworden sind mit denen gelacht, erzählt und geteilt wurde. Die Pilgermentalität zu erleben aber auch weiterzugeben war eine unvergessliche Erfahrung.

Selbst meine Aussage bei der Rückkehr, nie mehr den Jakobsweg gehen zu wollen, stelle ich nach etwas Abstand in Frage. Und dann gibt es auch noch die Menschen, die mir diese Reise ermöglicht haben. Damit meine ich in erster Linie Menschen die hinter diesem Vorhaben standen und mir Glück, Mut und Durchhaltevermögen gewünscht haben. Menschen die mir in meiner Abwesenheit beruflich und privat den Rücken freigehalten haben und die mich in dieser, zum Teil schwierigen Zeit, mental getragen haben ohne es vielleicht direkt zu wissen. Diesen Menschen galten oft meine

Gedanken auf den langen und einsamen Etappen. Nicht zuletzt habe ich diesen Weg auch meinem Enkel Nico, der bei meiner Abreise sechs Monate alt war und über dessen Geburt wir uns sehr gefreut haben, gewidmet.

Die Fahrt

25. April 2013 Munningen nach Bayonne

Der erste Schritt in ein Abenteuer ist derjenige, über den man sich am meisten Gedanken macht. Alle folgenden erscheinen wesentlich leichter zu sein.

Endlich ist der Tag der Abreise da, endlich nicht mehr nur davon sprechen und endlich nicht mehr nur davon träumen. Mein langgehegter Wunsch ist jetzt Wirklichkeit geworden. Meine Frau und ein enger Freund brachten mich auf den Busparkplatz nach Augsburg. Von dort wollte ich dann nach Bayonne fahren, um anschließend mit dem Zug nach Saint Jean Pied de Port zu gelangen, dem klassischen Startpunkt für den Camino, den Weg. „Wie kannst du dir das nur freiwillig antun", sagte Barbara, meine Frau, noch während der Fahrt – und dieser Satz beschäftigte mich noch einige Male in den darauffolgenden Tagen. Aber ich war motiviert und nicht zuletzt hatte ich jetzt ja immerhin vier Wochen Urlaub.

Alles was ich für die nächste Zeit brauchte hatte ich am Mann - also Rucksack, Wanderschuhe und meine Kleidung samt Wanderstock aus Nussbaumholz - natürlich selbstgeschnitzt, Reiseführer und Infomaterial, Wasser, Pilgermuschel und eine Kleinigkeit zum Essen. Letztendlich ist aus dem Vorhaben Jakobsweg auch nur etwas geworden, weil ich mich bewusst selber unter Druck gesetzt habe. In vielen Gesprächen mit Freunden und Bekannten berichtete ich von meinem Vorhaben und zum Schluss war ein Verschieben oder gar eine völlige Stornierung nicht mehr möglich. Als der Bus dann endlich eintraf und ich nach einer ausgiebigen Verabschiedung im Bus hinter der Fensterscheibe saß und zum Abschied noch winkte, - genau da ging mein Abenteuer dann wirklich los.

Wir waren in siebenundzwanzig Jahren noch nie länger als eine Woche getrennt und jetzt sollten es beinahe fünf Wochen werden. Alleine dieser Gedanke hörte sich im ersten Moment unglaublich für mich an. Der Reisebus, der sich auf internationale Reisetouren spezialisiert hatte war fast leer. Im hinteren Bereich saßen vielleicht sieben oder acht Personen.

Die Fahrt ging über Karlsruhe, wo wir den Bus wechselten und dann Richtung Frankreich, unterbrochen von einigen kurzen Pausen, weiterfuhren. Gleich bei der ersten Rast lernte ich zwei junge Männer aus München und Rosenheim kennen, die ebenfalls mit dem Ziel, den Jakobsweg zu meistern, unterwegs waren. Die zweiundzwanzigstündige Fahrt war im wahrsten Sinne schon der Beginn des

Abenteuers, den ab Karlsruhe saß eine Mutter mit ihrem ca. vierjährigen Kind im Sitz hinter mir. Die Stimme des Kleinen, der zweifelsfrei Bruno von seiner Mutter genannt wurde, erinnerte mich an eine Kinderstimme aus einem Film. Ich brauchte auch nicht lange um das Rätsel zu lösen, genau, „Die Blechtrommel", das war die Stimme von Oscar aus der „Blechtrommel". Obwohl ich die beiden währen der ganzen Fahrt nicht einmal bewusst vor die Augen bekam, erfuhr ich doch unfreiwillig die Familiensituation.

Sie waren wohl in Deutschland auf Besuch bei den Großeltern, wohnten aber in Portugal und waren mit dem Bus dorthin wieder auf der Rückreise. Die Mutter hatte einen genialen sächsischen Dialekt und versuchte mit einer penetranten Inkonsequenz den Knirps auf der anstrengenden Fahrt einerseits ruhig, andererseits bei Laune zu halten. Dies geschah mit Drohungen die im darauffolgenden Satz sofort wieder negiert wurden. „Also Bruno jetzt ist es genug, jetzt wird sofort geschlafen. Wenn das nicht klappt geht die Mama heimlich und fährt mit einem anderen Bus ohne ihren Bruno weiter". Die Reaktion von Bruno – klar, der Kleine fing zu weinen und zu meckern an. Jetzt kommt's - der nächste Satz der Mutter

– „Ach Bruno du weißt doch genau die Mama muss das so sagen, ich würde dich doch nie alleine lassen, hab keine Angst ich bleibe bei dir sitzen". Diese Art von Konversation ging so lange bis der Kleine tatsächlich nach gefühlten vier Stunden endlich eingeschlafen war.

Während der wenigen kurzen Pausen, in denen man sich die Füße vertreten konnte hatte ich immer Kontakt mit meinen Mitpilgern, die ebenso von der kurzweiligen Mutter Kind Konversation, angetan waren. Im Bus nahm ich mir später erstmalig den Reiseführer vor um mich über die erste Etappe zu informieren, jedoch spannend war die Lektüre nicht. Erst auf dem Weg lernte ich die wichtigen Daten und Zahlen herauszulesen und anzuwenden. Um fünf Uhr in der Früh am 26. April erreichten wir Bayonne. An einem Kreisverkehr, zwei Kilometer vom Bahnhof entfernt entließ uns der spanische Busfahrer.

Zum ersten Mal spürte ich das Gewicht meines Rucksackes auf den Schultern und zum ersten Mal machte ich Schritte auf meinem Weg. Am Bahnhof angekommen mussten wir warten, da der selbige erst nach sechs Uhr geöffnet wurde. Wir nutzten die Zeit und machten ein kleines Frühstück auf einer Parkbank im Dunkeln mit mitgebrachten Broten und Wasser. Nach der

Öffnung zogen wir am Automaten die Karten nach Saint-Jean Pied de Port und mit einem gemütlichen Bummelzug legten wir die sechzig Kilometer in einem komfortablen Abteil mit Toilette (wichtig) zurück. Im Zug stieg die Zahl der Pilger von Station zu Station, sodass am Ziel ca. zwanzig Rucksackträger den Zug erwartungsvoll verließen.

Erster Tag

26.April Saint-Jean Pied-de-Port nach
Roncesvalles

*Gewohnheit stärkt den Körper in großen Anstrengungen, die Seele
in großen Gefahren, das Urteil gegen den ersten Eindruck.
Carl von Clausewitz*

Das Pilgerbüro befand sich am Ende eines
schmalen Sträßchens, umrahmt von
mittelalterlichen Steingebäuden, in denen sich
im unteren Stock meist vorteilhaft kleine
Souvenirläden aneinanderreihten. Es herrschte
kein großer Andrang am Eingang, deshalb
wurden wir rasch von einem großen bärtigen
Schweizer hereingebeten, der mich nach
meinem ersten Satz sofort als Schwabe outete.
Für uns drei nahm er sich besonders viel Zeit,
erklärte uns die erste Etappe, verpasste uns den
ersten Stempel und verkaufte noch an Patrick
und Olli die obligatorischen Pilgermuscheln und
Pilgerpässe. Ich hatte meine längst vorher übers
Internet bestellt. Die ganze Prozedur dauerte 10
Minuten, dann räumten wir den Platz für die
nächsten Wanderer und machten uns auf den
Weg oder besser auf den Camino, der jetzt
tatsächlich in diesem Moment begann und sich
mit jedem Schritt in Richtung Santiago verkürzte.
Jetzt waren wir offiziell Pilger.
Bei bestem Wetter wanderten wir bis Mittag
durch voralpenähnliche Landschaft. Schnell
änderte sich aber dann die Witterung und vorbei
war es mit der Pracht da es zu regnen begann.
Die beiden Wanderkameraden hatten

professionelle Regenponchos dabei, ich dagegen einen fünfzig Cent Einmal-Klarsichtponcho. Kurz gesagt - er war sein Geld nicht wert, aber erst mal gab´s keine Alternative. In dem kleinen Ort Valcarlos machten wir, mit unseren ersten erworbenen Lebensmitteln, vor der Polizeistation Mittag. Baguette, Salami und Oliven schmeckten nach den ersten Kilometern nicht schlecht.

Bereits hier verabschiedete ich mich von einem total nutzlosen Teil meiner Ausrüstung, der Isomatte. Ständig rutschte sie mir am Rucksack herum und lies sich nicht sicher daran befestigen. Also ließ ich sie einfach stehen, vielleicht konnte sie ein anderer Pilger noch nutzen. Mit zunehmender Laufzeit nahmen nicht nur der Regen sondern auch die Steigungen zu. Nach fünf Stunden war meine Wasserflasche leer und eigentlich war es mir peinlich welches auszuleihen.

Also musste ich durstig weiterlaufen – aber die Steigungen wollten nicht enden und nach einer bezwungenen Erhebung kam im Anschluss sofort die nächste – wieder und wieder. Das hatte zur Folge, dass ich nach erstem Elan immer langsamer wurde, immer mehr Pausen einlegen musste und zum Schluss nach zwei Minuten Aufstieg eine Minute Pause benötigte. Ich war Platt und der Regen klatschte erbarmungslos auf mein geniales Einwegregencape. Trotz Warnungen in meinem Reiseführer bezüglich der Hygiene füllte ich meine Wasserflasche an einem überquellenden Gebirgsbach – Durst kann schlimm sein, schlimmer als Hunger.

Um achtzehn Uhr sah man an der Wegspitze eine Art kleine Kapelle und ich bildete mir ein, ich bin jetzt endlich am Ziel. Dort warteten auch Olli und Patrick auf mich, die wesentlich leichter und geschmeidiger unterwegs waren aber nach einer kleinen Rast setzten wir den Weg fort, denn das Ziel war immer noch zweieinhalb Kilometer entfernt. Immer wieder verlor ich die beiden aus den Augen und musste den Weg alleine finden. Es wurde durch das schlechte Wetter schon früh dämmrig und der anhaltende Regen ging fast schon in Schnee über. Die schrecklichsten und anstrengendsten zweieinhalb Kilometer meines Lebens erwarteten mich.

Ich wurde zunehmend mutloser, mein Poncho war schon lange in Fetzen und die zwei Kilometer zogen sich zu gefühlten zehn hin. Jetzt, genau jetzt konnte nur noch ein Stoßgebet helfen. Kaum Ausgesprochen und nach zwei Minuten Pause (meine fünfzigste) schien es leichter zu gehen bis dann endlich Roncesvalles in der Abenddämmerung erschien. Glücklicherweise bekam ich zweihundert Meter vor dem Tor noch einen ordentlichen Krampf in den rechten Oberschenkel, sodass ich nur humpelnd die Herberge erreichte. Genauso so hatte ich mir den ersten Tag auf dem Camino nicht vorgestellt, es wurde nichts ausgelassen was an Unannehmlichkeiten passieren konnte. Im kleinen Vorraum konnte man auf Holzbänken sitzen, es regnete nicht und die Fußsohlen trennten sich in den Schuhen von den Schuhsohlen – Erleichterung pur „Was hast du dir da angetan", jetzt hallten die Worte meiner Frau in meinen Ohren. Danke für die Motivation! Ich hatte gerade über zwölfhundert Höhenmeter und dreißig Kilometer geschafft.

Meine Kleidung war gleichermaßen außen wie innen nass und verschwitzt und nachdem ich die durchweichten Wanderschuhe ausgezogen hatte kontrollierte ich rasch auf Blasen – nichts – wenigstens eine gute Nachricht. Fünf Minuten saß ich so da, mit dem Rücken an die Wand gelehnt und versuchte nur zu entspannen und meine Anstrengung abzulegen. Nie in meinem Leben hatte ich einen solchen Kraftakt über einen ganzen Tag absolviert und so langsam wurde mir bewusst: Das war erst der erste Tag.

Es wuselte jetzt in dem Vorraum, denn immer mehr Pilger betraten den kleinen Raum, entledigten sich der nassen Sachen und schlüpften in Flipflops oder Hausschuhe. Ich hatte mir die aus gewichtsgründen eingespart, aber nach einigen Metern gehen auf dem kalten Steinboden stellte sich das als grober Fehler heraus. Bevor wir zwei Stockwerke nach oben marschierten um unseren Schlafsaal zu beziehen wurde noch schnell der Wanderstock vor die Tür gestellt und die Schuhe in den Schuhraum gebracht. Man kann sich vorstellen, dass einige hundert durchgeweichte Schuhe in diesem Raum auch einen dementsprechenden Duft von sich gaben. Der Schlafsaal war eine Offenbarung.

Neue Doppelbetten und eine enorm großzügige Waschgelegenheit mit sauberen Nasszellen und richtig heißem Wasser. Mit Handtuch und Unterwäsche ausgerüstet kämpfte ich mich immer noch humpelnd zur Dusche. Noch während dem lebenswichtigen heißen duschen klopfte schon der nächste Pilger an die Tür der Dusche. Ich stellte mich taub und genoss nur noch das warme Wasser, das an mir herunterlief und meine Lebensgeister wieder weckte. Anschließend war ich wie neugeboren.

Leider gab es hier nichts zu essen nur Kaffeeautomaten und Snackautomaten die sich im Erdgeschoss in der Küche befanden. Dort in der Nähe entdeckten wir auch die Waschgelegenheit. Für vier Euro konnte man verschwitzte Wäsche waschen, was auch von vielen Gästen gerne genutzt wurde. In den Betten sah man dann spätabends die gebeutelten Wanderer liegen, mit Stift und Tagebuch bewaffnet, um die Strapazen des Tages zu dokumentieren. Die Füße wurden eingecremt und Voltaren für meine schmerzenden Schultern fand Anwendung. Das ungewohnte Rucksacktragen hatte nicht unerhebliche, permanente Schmerzen verursacht. Ich war immer noch unendlich platt, konnte aber seltsamerweise nicht einschlafen und war sehr spät immer noch wach in meinem Bett. Olli und Patrick resümierten den Tag mit der Ansicht, dass er zwar anstrengend war aber durchaus machbar – für mich war es die Hölle. Die erste Nacht war eine sehr Kurze. Viel zu viel schweiften die Gedanken um die ungewohnte Situation und Anstrengungen. Ich war überzeugt, dass nochmal so ein Tag mich an meine Grenzen bringen und mich zur sofortigen Aufgabe zwingen würde.

Zweiter Tag

27. April Roncesvalles bis Larrasoana

Jeder Abschied ist die Geburt einer Erinnerung
Salvador Dali

Mein erster Morgen in einer Herberge begann wie bei allen Insassen beinahe zeitgleich um sechs Uhr. Mit der Taschenlampe wurde gepackt. Alle Utensilien stopfte wir in den Rucksack, der Schlafsack wurde gerollt und das alles möglichst ohne Lärm. Dreimal wurde nochmals die Liegestatt von mir kontrolliert, da ich nicht ohne Anstrengung an diesen Ort zurückkommen konnte. In Strümpfen verließ ich den Schlafsaal, suchte nach meinen Schuhen, die glücklicherweise noch an ihrem Platz standen, und zog sie vorsichtig an. Die Füße schmerzten aber es war zu ertragen. Im Eingangsbereich gab es die Möglichkeit ein stabiles Regencape zu erwerben, was ich gerne in Anspruch nahm – Es hielt genau zwei Stunden dann hatte es den ersten Riss.

Erste Überraschung des Tages: Es hatte geschneit. Draußen lagen zwei bis drei Zentimeter Schnee. Ich hatte zu Hause noch Wollmütze und Wollhandschuhe eingepackt, nur zur Sicherheit. Jetzt waren sie Gold wert. Zweite Überraschung: mein Wanderstock war weg. An alles hatte ich gedacht was geklaut werden könnte, aber doch nicht an meinen Stock. Es half nichts, dann eben ohne Stock bei null Grad am Morgen losgehen.

Die Steigungen waren anfangs nicht ganz so mörderisch wie am Vortag. Aber immer wieder nach Abstiegen ging es wieder streng nach oben, eben eine konstant anhaltende Plagerei. Der Weg war anfangs eingeschneit, später nachdem der Schnee in Regen überging matschig. Perfekt waren die Wegmarkierungen. Überall und manchmal zu oft waren Grenzsteine mit Muscheln oder einfach aufgesprühte gelbe Pfeile auf Bäumen oder auf der Straße vorhanden, die unmissverständlich die Richtung anzeigten. Mein Rucksack, oder besser die Gurte machten mir am meisten zu schaffen. Das verwunderte mich, denn ich hatte nicht eben einen billigen sondern von meiner Frau einen Treckingrucksack zu Weihnachten bekommen, worauf ich sehr stolz war. Olli und Patrick setzten sich mehrere Male einige Kilometer ab, die ich mit viel Anstrengung und Willen aufholen konnte. Aber auf die Dauer wollte ich Ihnen natürlich nicht zur Last fallen.

Es war meiner Überzeugung nach eh besser sich selber um die Wegmarkierungen und Streckenplanung zu kümmern, als sich immer auf andere zu verlassen. Um die Mittagszeit erreichten wir das heutige Etappenziel. Das Wetter war bis dorthin freundlicher geworden. Der Dauerregen wurde durch einen fast wolkenfreien Himmel ersetzt, was das Gehen erheblich angenehmer machte.

In Zubiri, fanden wir schnell eine Herberge und setzten uns erschöpft und nass vom vorangehenden Dauerregen in die jetzt angenehme Sonne. Die Schuhe wurden ausgezogen und die feuchten Strümpfe auf die warme Steintreppe gelegt. So verweilten wir einige Zeit und die beiden wollten auch gleich ihren Tagesstempel abholen und das Zimmer belegen um schnell in die Duschen zu gelangen. Ich hatte mich in der Zwischenzeit so gut erholt und die letzten Kilometer gingen eher leicht von der Sohle, dass ich mich spontan dazu entschloss weiterzulaufen und die restlichen Stunden des Tages noch zu nutzen.

Beide konnten anfangs nicht fassen, dass ich noch Energie zum Weiterlaufen aufbringen konnte. Ich hingegen konnte nicht glauben, dass sie nicht noch weiter wollten, aber an dieser Stelle passierte, was auf dem Weg noch oft passieren würde: Man lernt Menschen kennen und verbringt Zeit mit Ihnen aber nicht von Dauer oder gar den kompletten Weg. Ich war alleine gestartet und wollte mich nicht auf Dauer in eine Gruppe einsperren lassen oder dieselbe belasten. Also verabschiedeten wir uns mit dem Pilgergruß „Buen Camino" und ich stapfte zum ersten Mal alleine weiter immer den gelben Pfeilen nach. Das war auch das letzte was ich von den beiden gesehen habe, hier trennten sich unsere Wege für immer. Gleich nach einer halben Stunde hätte ich mich schon das erste Mal verlaufen, weil ich vorher gewöhnt war anderen nachzulaufen. Ich wurde dadurch konzentrierter und aufmerksamer und hatte endlich auch Zeit mich mit meinen Gedanken zu beschäftigen.

Aber das sollte nicht lange andauern. Bei angenehmem Wetter überholte ich einige Pilger immer mit einem „Ola" oder „Buen Camino" auf den Lippen. Komischerweise waren alle langsamer als ich oder ich hatte meinen Rhythmus gefunden, meine Schrittzahl und meine Geschwindigkeit, die deutlich schneller war als der Rest. Eine Eigenart des Caminos, der mir gleich am zweiten Tag auffiel war, dass ich immer wieder Wanderer traf die mir bekannte Personen oder Freunde bis aufs Haar glichen.

Bei einem Pärchen - er war schon sehr betagt, sie Mitte dreißig, war die Ähnlichkeit mit einer Frau aus meinem Dorf so extrem, dass ich mich dreimal vergewisserte ob es sich um eine Verwechslung handeln konnte. Das passierte mir in den folgenden Tagen wirklich häufig und daran konnte man sich auch nicht so ohne weiteres gewöhnen.

In einer Wegbiegung traf ich Thomas aus Mexico, der gerade im Begriff war nach einer kleinen Rast seine Wanderung fortzusetzen. Er setzte sich im Gleichschritt neben mir fest und wir kamen ins Gespräch. Thomas war aus Mexico, hatte eine Zeit lang in den Staaten eine Farm, die jetzt eines seiner Kinder weiterführt. Er selber war wieder nach Mexico zurückgekehrt und hat Wandern zu seinem Hobby erklärt. Wir machten an diesem Tag einen gemeinsamen Nachmittagsspaziergang und erreichten am Spätnachmittag Larrasoana.

Die kleine Herberge hatte nur zehn Betten auf gefühlten zehn Quadratmetern und darin befanden sich an diesem Abend Pilger aus Österreich, Mexico, Frankreich, Italien, Thailand, Schweden, Deutschland und Irland. Die Duschgelegenheit war keine Offenbarung, hier galt nur ein Motto schnell rein und schnell wieder raus – der Duschvorhang war Vorkriegsware und zu diesem Zeitpunkt wurde die Kabine wohl auch das letzte Mal gereinigt.

In einem kleinen Hinterhof konnte man seine Kleidung Waschen und die Schuhe vom Matsch befreien. Aus einem kleinen Laden besorgte ich mir für diesen Tag Wurst, Käse und Baguette und machte lediglich ein wenig Brotzeit gemeinsam mit Thomas. Der bemerkte nach einer Weile meine große Narbe an meinem linken Daumen und wollte wissen wie diese zustande gekommen war. Also erzählte ich Ihm die Geschichte wie ich vor zwei Jahren mir beim Holzspalten mit einer großen Holzaxt den halben Daumen abgetrennt hatte und anschließend noch mit meinem ältesten Sohn selber in die zwanzig Minuten entfernte Klinik gefahren bin um mich mit zweiunddreißig Stichen wieder restaurieren zu lassen. Etwas belustigt nahm Thomas mein, mit viel Ironie erzählte, Geschichte auf und betrachtete anschließend nochmals das Körperteil ungläubig.

Frühzeitig ging ich ins Bett konnte aber nicht einschlafen da meine Beine wimmerten und sich nur langsam nach der Wanderung beruhigen wollten. Tagsüber trank ich meiner Ansicht nach viel zu wenig, aber es war auch immer eine Prozedur bis ich das Regencape und den

Rucksack runter hatte. Dafür wachte ich nachts häufig mit starkem Durstgefühl auf - so wurde es zur Gewohnheit immer die Wasserflasche im Bett zu deponieren um keinen Krach zu machen wenn ich sie brauchte.

Dritter Tag

28. April Larrasoana nach Obanos

Wenn man nicht versucht, etwas zu tun, was jenseits des bereits
Gemeisterten liegt, dann wird man nicht wachsen.
Ralph Waldo Emerson

Die Nacht war um sechs Uhr in der Früh vorbei und fast schon wie gewohnt wurde der Rucksack gepackt, der Schlafsack gerollt und alles drei Mal kontrolliert. Meine Schuhe waren noch da, das war für mich immer eine Erleichterung, da alles fehlen durfte nur ohne Schuhe war eine Fortsetzung der Reise nicht denkbar.

Thomas und ich starteten an diesem Tag in der Morgendämmerung – regenfrei. Es war ein absolut befreiendes Gefühl ohne Regencape laufen zu können, denn die Feuchtigkeit, die das Cape von außen abhielt, sammelte es gleichzeitig von innen – Schweiß konnte sich unter der Plastikhaut nicht verflüchtigen und setzte sich konsequent in der Jacke und Lauf-Shirt ab, die abends dann oft trieften. Wären der Pilgerpass und der Reiseführer nicht vorsorglich in einer Plastiktüte untergebracht worden, hätten sie die Reise nur mit derben Wasserflecken überlebt.

Wir gingen lange Zeit entlang eines kleinen Baches und machten in einer kleinen Bar im freien Frühstück. So nach und nach kamen einige von der letzten Herberge nach, unter anderem Robert aus Irland und ein Schwede mit dem ich später noch ein interessantes Erlebnis hatte. Vor Pamplona erhob sich der Weg wieder steil nach oben. Hier marschierten wir an unzähligen Windrädern vorbei die auf den Bergrücken entlang des Passes Alto del Perdon aufgestellt waren. Der Weg zum Pass war ein schmaler steiniger Trampelpfad der sich entlang der Anhöhe schlängelte. Je höher wir kamen desto windiger und kälter wurde es. Oben am Pass waren die bekannten Blechskulpturen, jedoch war hier auch der Wind so stark und kalt, dass ruhiges Stehen unmöglich schien. Nach kurzer Rast (zwei Minuten) machten wir uns an den Abstieg.

Bis zu diesem Moment konnte ich nie verstehen wenn erfahrene Bergwanderer behaupteten, dass der Abstieg einer Bergtour anstrengender sein sollte als der Aufstieg. Geschlagene drei Stunden ging es nun abwärts zum Teil auf Schotterpisten oder ausgetrockneten Flussbetten die mit Fußballgroßen Kieselsteinen übersät waren. Ein falscher Schritt konnte das Ende des Tages und der ganzen Tour bedeuten. Meine ganze Konzentration galt dem Gehen und dem Ausweichen. Und dann kamen die Schmerzen im Schienbeinbereich. Durch die dauernde einseitige Belastung brannten Sie wie Feuer.

Der nicht enden wollende Abstieg verlangte mir alle Reserven ab, so dass Thomas und ich nach Erreichen von flacherem Gelände unbedingt eine Rast brauchten. Ich zog meine Schuhe und Strümpfe aus, kontrollierte auf Blasen und obwohl Schienbeine und Füße pochten war keine einzige zu entdecken. So viel Glück in Bezug auf Blasenbildung hatte ich nicht erwartet und so erreichten wir kurz vor Mittag Pamplona. Den Weg zur Kathedrale erfragten wir bei der Touristeninfo. Thomas legte keinen Wert auf eine Besichtigung also machte ich mich alleine auf. In der dunklen Kathedrale fand im rechten Seitenschiff gerade eine hl. Messe statt – klar es war ja Sonntag. Witziger weise spielten Wochentage schon nach drei Tagen Camino überhaupt keine Rolle mehr. Ich nahm am spanischen Gottesdienst teil ohne den Rucksack abzunehmen. Bei der Kommunionausteilung knieten die Einheimischen nieder, einige blieben jedoch auch stehen. Als ich an der Reihe war schaute mich der Pfarrer an, sage einige unwirsche Worte die ich nicht verstehen konnte lies mich aber dennoch kommunizieren. Ich denke er wollte wohl dass die Gläubigen beim Empfang der hl. Kommunion knien sollten. Im Übrigen hatte mich der Besuch der Kirche vier Euro gekostet, was mich dazu veranlasste Kirchen mit Eintrittsforderungen zu meiden. Da ging´s mir ums Prinzip. Vor dem Gotteshaus traf ich mich wieder mit Thomas der hier auf mich gewartet hatte. Wir machten uns rasch auf den restlichen Weg des Tages. Beide wollten wir nicht in den großen Städten übernachten, sondern bevorzugten die spanischen Alberguen (Herbergen) auf dem Land. Hier war alles einen Tick kleiner, gemütlicher und persönlicher. Auf dem endlosen Weg, vorbei an Olivenhainen und Weinplantagen, überholten wir noch kurz vor Obanos einen drei Zentner Amerikaner, der sich wie in Zeitlupe bewegte und gerade im Begriff war eine sanfte Erhebung zu erklimmen. Er war im typischen ockerbraunen Safarilook mit Hut und Pfadfinderhalstuch unterwegs. Beim obligatorischen „Buen Camino", liefen im dicke Schweißperlen über das ganze Gesicht und trotz des geringen Tempos konnte er nur kurz „Thank´s" antworten um seinen Geh-Rhythmus nicht zu verlieren. In Obanos hatten wir einige Mühe die Herberge zu finden, aber letztendlich erreichten wir eine sehr saubere Bleibe mit heißem Wasser zum Duschen und Waschmöglichkeit. Heute waren Unterwäsche und Strümpfe an der Reihe, welche es bitter nötig hatten.

Thomas ging mit Jeff, dem später eingetroffenen drei Zentner Mann aus Amerika, zum Essen. Ich legte mich lieber aufs Bett, schrieb mein Tagebuch und kümmerte mich um die nächste Tour, indem ich den Reiseführer studierte. Auch am dritten Tag schmerzten noch immer meine Füße den ganzen Tag aber ich hatte noch keine Blasen. Ein erfreulicher Zustand den ich schon sehr genoss, deshalb belohnte ich sie mit Creme und Fußmassage. Danach wollte ich nur noch schlafen.

Vierter Tag

29. April Obanos nach Villamayor de Monjardin

Wer glaubt, ein Christ zu sein, weil er die Kirche besucht, irrt sich.
Man wird ja auch kein Auto, wenn man in eine Garage geht.
Albert Schweitzer

Beim Einchecken und Stempel abholen hatte ich am Vortag Frühstück für drei Euro mitbestellt - Das stellte sich als ein Segen heraus. Der Kaffee war reichlich und in gemütlicher Familienatmosphäre war ich so für die erste Hälfte des Tages gerüstet.

An diesem Tag liefen Thomas und ich unterschiedliche Tempos und so sahen wir uns am Vormittag zwar einige Male, aber irgendwann verloren wir uns komplett aus den Augen. Auch das war wieder der normale Ablauf auf dem Camino. Irgendwie war ich auch diesmal erleichtert wieder alleine und ohne Einschränkung weiterzugehen, obgleich wir gut harmonierten. Für mich war es wichtig viel Zeit für mich zu haben. Viel Zeit, die ich brauchte um mich auf den Weg und auf meine Gedanken zu konzentrieren. Auch diesmal waren die ersten allein gegangenen Kilometer etwas seltsam aber schnell war man auch wieder an diese Situation gewöhnt. Thomas hat mich auf dem Camino nicht mehr eingeholt.

In den ersten Tagen auf dem Camino war meine Traumerinnerung enorm stark. Ich konnte mich in meinen kurzen Nächten an alle Träume sehr plastisch erinnern, die mich dann tagsüber sehr beschäftigten. Am vierten Tag hatte ich von meinen Großeltern geträumt, die ich jedoch nie gesehen oder gekannt hatte. Beide verstarben vor meiner Geburt - wenn man das neunte Kind von neun ist kann das schon mal vorkommen. Eigentlich waren sie mir nur von alten Schwarzweiß-Fotografien geläufig, umso seltsamer, dass ich so intensiv von ihnen geträumt hatte. Beide sicherten mir in meinem Traum zu, während meines Aufenthalts in Spanien in Gedanken bei mir zu sein. Ich erinnere mich auch noch an eine Verabschiedungsszene bei der mich beide lange Zeit in den Armen hielten und mir eine erfolgreiche Reise wünschten.

Diese Szene und die Gesichter der beiden nie gekannten Großeltern beschäftigten mich zwei komplette Tage, besonders da ich die Beiden und meine Reise vorher nie in irgendeinen Zusammenhang gebracht hatte. So sehr ich auch überlegte fiel mir dazu nicht wirklich was ein - ich schloss das Thema mit einer gewissen Zufriedenheit und mit dem Glauben ab, dass sich jemand, der mich nie gekannt oder erahnt hatte, in diesen Tagen um mich war und an mich dachte.

Der Himmel war bewölkt aber es regnete nicht, so schaffte ich am Vormittag, getragen von meinen Gedanken und von meinem Willen, eine hübsche Strecke von zwanzig Kilometern. Es ging durch eine hügelige Landschaft die gesäumt war von unendlichen Weinstockfeldern, die obwohl Ende April, noch nicht wirklich ausgetrieben hatten. Unterwegs gelangte ich an eine

Winzerei, bei der für Pilger eine Zapfstelle für Wasser und Wein existierte. Beides konnte aus einer dafür vorgesehenen Zapfstelle kostenlos entnommen werden. Nur beim Weinzapfen musste erhebliche Geduld aufgebracht werden, da dieser nur in geringen Mengen aus dem Hahn floss. Bei meiner ersten Rast bemerkte ich, dass ich die ganze Tagesstrecke bis hierher ohne Pause zurückgelegt hatte. Darauf war ich natürlich schon Stolz aber in dieser Zeit hatte ich auch nicht einmal was getrunken.

Unterwegs hatte ich in einem kleinen Tante Emma Laden eine zwei Liter Flasche Sprite, zwei Äpfel und etwas Schokolade besorgt. Das war natürlich ein blödsinniger Einkauf, denn mein Rucksackfach für Wasser war für eine zwei Liter Flasche nicht ausgelegt und außerdem wog die Flasche auch zwei Kilogramm. Das habe ich im Anschluss nie mehr gemacht und mich wieder mit eineinhalb Liter Flaschen begnügt. Mein Etappenziel Puente la Reina hatte ich zu früh erreicht deshalb packte ich noch sieben Kilometer drauf und erreichte so nach gesamt vierunddreißig Kilometer Villamayor de Monjardin, ein kleiner Ort auf einem Hügel gelegen.

Der Himmel zog bei meiner Ankunft schon merklich zu und wurde immer finsterer. In der Herberge verteilte ein junger Spanier die Stempel. Er sprach kein Wort Englisch, aber wir kamen miteinander zurecht. Das Zimmer war sauber und hatte nur zwölf Betten. Es war angenehm eingerichtet und auch die Nasszellen auf dem Gang waren in Ordnung.

Nach dem kategorischen Duschen ging ich wieder in den Eingangsbereich, in dem sich gerade der Schwede den ich zwei Tage zuvor schon mal gesehen hatte einquartierte. Er begrüßte mich, da er mich offensichtlich auch erkannt hatte und regte sich ein wenig auf, dass der junge Spanier am Empfang kein Wort englisch sprach. Immer wieder wollte er dem jungen Wirt erklären, dass die Universalsprache Englisch auf dem Camino für alle Pilger das einzig richtige wäre. Der Hausherr verstand jedoch nur das allerwenigste und übte sich in freundlichem Lächeln. Genervt gab der Schwede auf und mietete sich im Schlafsaal mir gegenüber ein. Im Empfangsraum, welcher gleichzeitig auch Essensraum mit Einbauküche und Internetstube war suchte ich mir einen Platz und versuchte mein Tagebuch zu schreiben.

Mir gegenüber machte ein Pärchen gerade Brotzeit. Sie sprachen deutsch und so kam schnell eine Unterhaltung zustande. Beide waren aus dem Frankfurter Raum und wollten den Camino eher als Teilerlebnis verstanden haben. Sie machten nur immer wieder kurze Tagestouren, ließen sich dann wieder vom Bus fahren und wollten nur bis Leon in diesem Jahr kommen. Ich selber verzichtete an diesem Tag auf das Abendessen.

Viel interessanter war die Möglichkeit mit Waschmaschine und Trockner Wäsche zu waschen. Meine Nicki-Jacke war in den vergangenen Tagen mehrmals durchgeschwitzt worden und so versuchte ich mich aus Sparsamkeit mit der Handwäsche. Der anschließende versuch die selbige von Hand auszuwringen schlug fehl, deshalb beförderte ich sie für einen Obolus von vier Euro in den Trockner. Die vierzig Minuten wartete ich im Aufenthaltsraum und schrieb mein Tagebuch. Plötzlich kam ein laut zeternder Franzose zu mir herein und versuchte mir in seiner Landessprache irgendwas aufgeregt zu erklären. Keine Ahnung was der wollte. In seiner Not fasste er mich am Arm und zog mich zum Trockner. Dort wartete er darauf ihn benutzen zu können, jedoch kam aus demselben eine Dampfwolke. Ah ja - ich hatte mit meinem Versuch die Jacke auszuwringen nicht genug Wasser herausbekommen und so glich der Knäuel einem heißen Waschlappen. Wir einigten uns darauf das Schleuderprogramm der Waschmaschine zu benutzen, was dann eher zu einem trockenen Ziel führte.

Der Franzose wunderte sich sicher über meine miserablen Waschkenntnisse, war aber auf seine Weise doch sehr hilfsbereit und freundlich. Nach diesem Erlebnis machte ich mich auf um ins Bett zu kommen - wie immer total erledigt. Im Schlafsaal angekommen, diskutierte der Schwede mit einem jungen Pärchen aus Bulgarien. Zuerst beachtete ich die Konversation nicht aktiv aber immer öfters fasste ich Wortfetzen auf, die mich interessierten. Als mich der Schwede dann auch noch als

Übersetzungshelfer ins Englische einlud entstand daraus eines der Interessantesten Gespräche meiner Reise.

Der Schwede, sein Name war Henry, versuchte mit eindringlicher Gestik den Bulgaren die Philosophie des Katholischen Glaubens nahezubringen. Angefangen mit der Erbsünde, die Auswirkungen und deren Auflösung in der Kreuzigung Christi mit der Umsetzung in die Moderne - also in unser Leben. Dies malte er in gebrochenem Englisch und mit einfachen Worten so aus, dass die Beiden eine Ahnung von seinem Weltbild bekamen. Für mich war das auf meiner Pilgerreise eines der wenigen male, dass "Pilger" über Glauben und Religion sprachen. Meist waren die Gründe der Wanderer: Selbstfindung, Ruhe oder sportlicher Natur, aber hier versuchte ein, wie ich später erfuhr, Sozialarbeiter aus Stockholm sein christlich geprägtes Weltbild mit der Überzeugungskraft eines Papstes an scheinbar Unwissende weiterzugeben. Die ganze Unterhaltung zog sich über eine Stunde hin und wurde erst unterbrochen als sich immer mehr Gäste im Schlafsaal einfanden um sich schlafen zu legen. Wie immer hatte ich einen späten, kurzen aber traumintensiven Schlaf.

Fünfter Tag

30. April Villamayor de Monjardin nach Viana-Navarra

Und irgendwann spürst du in einem Winkel deiner
Seele einen leisen Lufthauch, als ob eine gute Fee einen
Flügelschlag tut, und plötzlich weißt du: Jemand hat an dich
gedacht.
Jochen Mariss

Der Morgen begann um sechs Uhr mit Frühstück und bescherte anschließend einen weniger amüsanten Tagesstart - es regnete in Strömen. Mit zwei Jacken übereinander angezogen gegen die Kälte und mit Regenponcho stapfte ich in den noch dunklen und verregneten Morgen immer weiter Richtung Santiago - noch hunderte Kilometer nach Westen.

Es dauerte in der Früh immer einige Zeit bis sich meine Füße und meine Schuhe wieder kannten, und immer war es eine erst schmerzhafte Bekanntschaft die hier geschlossen wurde, aber immer wieder arrangierten sich beide. Erst dann machte das Gehen auch Laune und man konnte sich auf die Landschaft und sich selbst konzentrieren. Heute Morgen machte mir mein linker Knöchel enorm zu schaffen aber nach der ersten kurzen Rast waren die Schmerzen wie weggefegt. Jede Rast brachte grundsätzlich eine Veränderung mit sich. Waren vorher Schmerzen da, blieben sie danach aus. War alles gut und Schmerzfrei, zwickte irgendetwas beim Weitergehen. Nur selten schweiften meine Gedanken Richtung Heimat oder der gar

Richtung Arbeit ab - das hatte ich gut im Griff. Innerhalb weniger Tage hatte ich es geschafft meinen Kopf von der geliebten Arbeit freizubekommen. Das war für mich ein untrügliches Zeichen, dass der Weg nicht nur körperliche Strapazen, sondern auch geistige Erholung schon jetzt am Anfang bedeutete. Mitunter schmerzten die Waden oder der Fußrücken, aber zum Glück nie die Knie. Alle die ich unterwegs mit Knieschmerzen traf hatte hatten nur eine Chance - entweder Schmerztabletten bzw. die Schmerzen ertragen oder aufgeben. Darum war ich über jeglichen Schmerz froh der nichts mit meinen Knien zu tun hatte. Es war auf dem Weg hier eh erstaunlich wie schnell Schmerzen kamen und wie schnell sie auch wieder verschwanden.

Der Camino selber bestand heute aus endlosen auf und ab Passagen durch wunderbare Weinberge und Hügellandschaften. Unterwegs traf ich immer wieder Pilger, die ich artig mit "Buen Camino" begrüßte. Ein deutsches Pärchen - Mutter mit Tochter überholte ich ziemlich zügig, und ohne dass sie ahnten, ich könnte sie verstehen, meinte die Mutter zu ihrer Tochter: "Immer die Männer, die laufen viel zu schnell und dann wundern sie sich wenn sie Sehnenentzündung bekommen und ihre Kraft nicht richtig einschätzen können". Bei meiner Mittagsrast lernte ich eine Australierin kennen die sich auf einem großen Felsen ausruhte. Sie trug selbstbewusst einen großen Lederhut mit breiter Krempe. Wir wechselten einige Worte dann machte ich mich wieder auf, da meine Pausen nie länger als zehn Minuten dauerten.

Obwohl ich vermied in Städten zu übernachten hatte ich an diesem Tag nicht die Kraft zehn Kilometer weiter zu laufen sondern ich nahm eine Herberge in Viana. Viana selber war eine hässliche Kleinstadt ohne Flair und die erste Unterkunft die ich fand war staatlicher Natur, sauber und für fünf Euro wirklich nicht teuer. Beim Duschen hatte ich immer meinen wertvollsten Besitz dabei, das war mein Bauchgürtel mit Pass und Geld. Meist waren jedoch keine Aufhängemöglichkeiten für Kleider und Zubehör vorhanden und so verwendete ich einen Großteil meiner Beachtung alles, außer mir, trocken zu halten. Kaum war ich wieder an meiner Schlafstätte, bemerkte ich, dass ich meine Armbanduhr in der Dusche vergessen hatte. Dieselbe war aber schon wieder belegt und so blieb mir nichts weiter als abzuwarten wer da wohl rauskommen würde, mit oder ohne meine Uhr. Sie war mir sehr wichtig, da ich gelernt hatte nach Stunden meine Kilometerleistung einzuschätzen.

Indessen plauderte ich mit einer Italienerin die an einem Waschbecken ihre kleine Wäsche erledigte. Endlich nach zwanzig Minuten öffnete sich die Dusche und heraus kam - die Australierin von heute Mittag. Meine Uhr hatte sie schon vorher bei der Herbergsmutter abgegeben. Gutgelaunt über den überstandenen fast-Verlust machte ich mich auf meinem Bett daran am Tagebuch weiterzuarbeiten. Im

Schlafsaal waren ausschließlich Amerikaner, die lautstark wie eine Invasion als Gruppe eingetroffen waren.

Meine Bettnachbarin war eine achtundsechzigjährige Dame aus Ohio die nur einen Oberarm besaß, sich aber mit der Situation enorm geschickt anstellte. Sie musste ein wenig schmunzeln als ich vom Bett aufstand und meine Glieder streckte und meinte: "Ich fühle mich wie kurz vor siebzig." Zwischendurch ging ich noch Einkaufen aber nach einer Schmerztablette, die mir helfen sollte mal schneller einzuschlafen, verabschiedete ich mich schon um sieben Uhr ins Bett. Die Beine wimmerten und schlafen war erst wieder weit nach Mitternacht möglich.

Sechster Tag

1. Mai Viana-Navarra nach Ventosa la Rioja

Trotz Glück und Unglück, trotz vieler Zufälle und Zwischenfälle, das Leben ist letztlich doch das, was man daraus macht.

Der Tag begann um sechs Uhr mit einem kleinen Frühstück für drei Euro fünfzig. Der Frühstücksraum war schnell mit den lauten Amerikanern und Kanadiern gefüllt. Deshalb beeilte ich mich um auf den Weg zu kommen. Ein älterer Herr mit komplett grauen Haaren setzte sich mir gegenüber und begann in breitem Amerikanisch ein Gespräch mit mir. Nach dem gewöhnlichen wer bist du, woher kommst du, erzählte er mir dass er in einer großen Gruppe unterwegs wäre die täglich nicht mehr als zwanzig Kilometer machte da viele ältere Damen und Herren dabei waren. Abschließend bat mich Patrick, so sein Name, noch nach einer Mitreisenden Ausschau zu halten, die wohl sehr flott unterwegs war, kurze Haare hatte und auf den Namen Lisa hörte.

Ich machte mich auf den Weg und wunderte mich ein wenig ob der Bitte hier nach jemand zu schauen der auf einer Wegstecke von dreißig oder vierzig Kilometer verteilt in jeder x-beliebigen Herberge übernachten konnte. Da gab es meiner Ansicht nach keine reelle Chance. Heute gab es keinen Regen, somit war der Wanderspaß fast schon gesichert. Einziger Höhepunkt war Logrono als Kontrastprogramm, aber wie bereits erwähnt - Städte in Spanien waren nicht so mein Ding. Aber Logrono hatte eine Besonderheit.

Am Wegesrand sollte hier das Haus von Donna Felicia stehen. Hier erhielt jeder Pilger seit Jahrzehnten von Donna Felicia einen Stempel. Vor einigen Jahren war diese Dame gestorben und jetzt setzte ihre Tochter diese Tradition fort. Ich hielt Ausschau nach dem Haus von Donna Felicia, welches sich dann aber eher als Hütte darstellte. Die Tochter war im klassischen Sinn auch optisch keine Tochter mehr sondern schon über sechzig, klein und dazu auch etwas rund. Umso freundlicher wurde ich hier aufgenommen und mit Kaffee und Obst bewirtet. Ich kaufte ihr zuliebe auch noch einen Anhänger und war froh vor der Stadtgrenze von Logrono diese Sehenswürdigkeit gefunden zu haben.

Zweihundert Meter vor der Herberge in Ventosa bekam ich einen heftigen Krampf in den rechten Oberschenkel, deshalb betrat ich die selbige humpelnd und mit Schmerzen. Im Eingangsbereich war eine kleine Bank auf der schon eine Mädchen von vielleicht siebzehn Jahren saß. Sie stellte sich sofort mit: "Ich bin Ramona aus Aschaffenburg" vor und meinte, dass auch sie Riesenprobleme mit den Füßen und mit unzähligen Blasen hätte. Ich entgegnete ihr dass es bei mir eher ein kleiner Krampf wäre, jedoch mit Blasen nichts zu tun hatte. Die Herbergsmutter schaute ebenfalls besorgt nach Ramona und meinte dass sie unbedingt zu viel Gepäck dabei hätte und nach ihren Berichten viel zu große Etappen machen würde. Zwei Tage Pause wären bei Ihr sehr hilfreich. Nach dem abstempeln des Pilgerausweises gingen wir gemeinsam einen Stock höher in ein zwölf Personen Zimmer. Sie suchte sich neben mir ihr Bett aus, setzte sich und meinte etwas nachdenklich, dass Pausieren auf keinen Fall für sie in Frage kommt.

Nach dem Duschen klagte sie mir ihr persönliches Leid - die Eltern waren geschieden und sie selber musste mit dem Kindergeld auskommen. Pausieren auf dem Camino bedeutete für sie Verteuerung durch zusätzliche Übernachtungen, die sie sich nicht leisten konnte. Sie erwägte deshalb einen Abbruch der Aktion um lieber nach Taize in Frankreich zu reisen um dort in der Gemeinschaft einige Tage zu verbringen. So einen richtigen Rat konnte ich ihr nicht geben, weil für mich natürlich der Jakobsweg das einzige Ziel war. Vermutlich war schon das lange Gespräch und einen Zuhörer zu haben für Sie wichtiger als sofort eine Entscheidung herbeizuführen. Sie wollte sich das überlegen und ich bemühte mich anschließend auf einem kleinen Innenhof der Albergue um mein Tagebuch zu schreiben und Wäsche zu waschen.

Hier hatte sich bereits ein munteres Völkchen eingefunden und schnell kam ich ins Gespräch mit einem Engländer der mich zu einem Glas Wein einlud. Damian - sein Name, war mit seinem fünf-jährigen Sohn unterwegs, den er zeitweise trug und so bis zu fünfunddreißig Kilo schleppte. Am gleichen Tisch war ein ältlicher Japaner, Hani Sun, aus Tokio dem es eine Freude war sämtliche Vornamen in japanische Schriftzeichen umzuwandeln. Anna eine hagere Mitt-Sechzigerin aus Polen, genauer gesagt aus Danzig und noch einige Norweger, Peter und Mary aus Schweden, Claire und Doren aus Australien, ein Italiener und Ramona und ich als Vertreter Deutschlands waren auf dem Innenhof versammelt. Eben ein typisches Pilgertreffen wie man es sich traditionell vorstellt, bei dem Rang, Name und Nationalität keine Rolle spielte.

An diesem Abend war ich auch zum ersten Mal leicht beschwipst weil Damian nicht aufhören wollte Wein zu spendieren und meine Versuche ebenfalls etwas auszugeben von ihm im Keim erstickt wurden. Als urplötzlich ein „blondes etwas" mit kurzen Haaren an uns vorbeischoss und die Treppe hinab rannte, kam mir die Story von heute Morgen wieder in den Sinn. Patrick sucht Lisa, - Lisa hat kurze Haare - ohne lange zu überlegen rief ich der Dame in Englisch nach "Hallo, bist du Lisa"? Sie drehte sich sofort um kam die Treppe wieder herauf und fragte verwundert "Warum"? - "Klar bin ich Lisa". "Ja dann soll ich einen Gruß von Patrick ausrichten, der kommt nach". Lisa vergewisserte sich bei mir, dass Patrick ein älterer grauhaariger Mann war, der eine Reisegruppe führte, was ich bejahte und schon hatten wir den perfekten Zu- und Glücksfall auf dem Camino, der eine abendfüllende Konversation auslöste.

Anna aus Polen erzählte mir im herrlich deutschpolnischen Dialekt Ihre Fluchtgeschichte vom zweiten Weltkrieg - also war sie älter als nur ca. fünfundsechzig. Mit zwei Rucksäcken bewaffnet - einen vorne und einen auf Normalposition, wanderte die fünfundvierzig Kilo Frau durch Spanien - bemerkenswert.

Die Norweger, ein Ehepaar mittleren Alters erzählten mir, dass ihr Großvater, Robert Stahl, aus Deutschland - aus dem Ruhrgebiet stammte und furchtbar streng aber gerecht war. Ich wusste auch nicht, dass vor dem letzten Krieg in den nordischen Staaten Deutsch immer die zweite Fremdsprache vor Englisch war - für mich war diese Erkenntnis total neu. Im Innenhof hatte sich längste ein großer Stuhlkreis gebildet. Kekse und Salzgebäck machten die Runde und es fanden interessante Konversationen statt. Der Abend war überdurchschnittlich lau und lud zum Sitzenbleiben ein. Manche machten sich in der kleinen Küche zu schaffen und so wurde erst um zehn Uhr die verordnete Nachtruhe eingehalten. Ich selber hatte bis dahin vollkommen vergessen mich um Essen zu kümmern ob der grandiosen Unterhaltung und so begnügte ich mich mit einem alten Stück Baguette, welches noch in meinem Rucksack vom Vortag verblieben war. Das war bis dahin einer meiner schönsten Abende auf dem Weg - es sollten noch weitere folgen.

Siebter Tag

2. Mai Ventosa la Rioja nach Santo Domingo

Jeden Morgen eine Sonne, die dich weckt mit Zuversicht und mit gutem Appetit auf das Frühstück und das Leben. Jeden Tag einen Weg, der dich nicht immer nur geradewegs zum Ziel führt, sondern ab und zu ein paar wunderschöne Umwege macht. Jede Nacht ein paar gute Sterne über dir, die dich beschützen und deinen Schlaf bewachen.
Jochen Mariss

Eigentlich schade dachte ich an diesem Morgen, dass die Bekanntschaften auf dem Weg schneller enden als das sie entstehen, aber es half ja nichts, das Tagespensum musste erledigt werden und nach einer größeren Verabschiedung als sonst ging erst mal jeder wieder den gleichen Weg mit unterschiedlichem Tempo und Beweggründen.

Nach so einem erlebnisreichen Abend beschäftigte ich mich schon sehr intensiv mit den einzelnen Personen und besonders mit den witzigen Zufällen die hier einfach so am Wegrand entstanden. Vielleicht war das schon das Haupterlebnis der gesamten Tour, was ich natürlich nicht hoffte. Zunächst mal waren in der Früh wieder die alten Bekannten da - Regen und meine Schmerzen in Füßen, Waden und Oberschenkel. Gott sei Dank war das Thema Rucksack bzw. Schulterschmerzen hervorgerufen durch die Schultergurte kein Thema mehr.

Ein freundlicher Franzose hatte mir bei einer Rast die Einstellmöglichkeiten meiner Hightech-Maschine bis ins Detail gezeigt und von einem auf den anderen Tag war Rucksacktragen kein

Thema mehr. Endlich empfand ich den Rucksack auch nie mehr als zu schwer, eher wäre mir manchmal mehr Platz oder größere Fächer lieber gewesen. Leidenschaftlich hasste ich es in der Früh den Schlafsack zusammenzurollen und im dazugehörigen Beutel zu verstauen. Keine Ahnung warum, das war halt so.

Ebenso nervig war das fünfzigmalige nachkontrollieren ob den der Bauchgürtel mit Geld und Papieren noch vorhanden war. Natürlich war er immer da, weil ich ihn auch nachts beim Schlafen immer trug. Die Strecke vor Santo Domingo, meinem heutigen Etappenziel war eigentlich nicht schwer zu gehen, aber zweiunddreißig Kilometer waren dann doch was. Immer wieder setzte Regen ein den ich mit meinem defekten Poncho und zwei Wäscheklammern versuchte abzuhalten. Trinken war wie immer schwierig, da der Poncho nur sehr kompliziert alleine anzulegen war. Meist verhedderte er sich beim Versuch ihn über den Rucksack zu ziehen.

Mein Wunsch nach einem neuen Wanderstab wurde an diesem Tag ebenfalls erfüllt. Am Wegrand kurz nach einer kleinen Ortschaft lag ein langer Prügel direkt neben dem Weg. Um die optimale Wanderstablänge zu generieren brach ich ihn einfach auf Bedarfslänge ab. Und - was soll ich sagen - ja mit Wanderstab fühlte man sich ein Stück mehr als Pilger. Außerdem waren die Arme in Bewegung und schwollen nicht mehr so schnell an, was passieren konnte wenn sie stundenlang unbelastet herunterhingen. Die absolute Härte waren drei Kilometer Weg kurz vor Santo Domingo. Der selbige führte entlang eines Kanales und war eigentlich ein roter Lehm-Trampelpfad. Da es aber stark regnete war der ganze Weg aufgeweicht und das Laufen darauf war nur mit größter Mühe und nur Schritt für Schritt möglich. Ausweichen war unmöglich, da rechts der Kanal verlief und links war Ackerboden, der selbst total durchnässt war. An dieser Stelle kam mir der Vergleich des Camino mit einem Pferde-Parkur in den Sinn - hier war für Pilger der Wassergraben, bitte überqueren.

Eine Gruppe Radfahrer schoben ihre Drahtesel durch den roten Schlamm und mussten anschließend die Fahrräder komplett zur Reinigung zerlegen. In diesem Morast überholte ich einen kleinen älteren Spanier, der ein Headset trug. Als er meine Kleidung sah (Jack Wolfskin) identifizierte er mich als Deutschen. Den auch das hatte ich auf dem Camino gelernt – alle Deutschen bevorzugen diese Markenkleidung. Wild fuchtelnd wollte er mir erst etwas erklären und reichte mir nach sinnlosen Versuchen seine Ohrhörer, auf denen ein Fußballspiel lief. Jetzt verstand ich auch, er wollte mir das Ergebnis des Champion League Spiels mit Bayern München mitteilen. Er war der Ansicht, dass mich das als Deutscher durchaus interessieren könnte. In Santo Domingo führten mich die gelben Jakobswegweiser direkt zu einem Zisterzienserkloster welches sich in einer schmalen Gasse auf der linken Seite befand. über einen großen Steinbogen betrat ich den

Vorraum und legte meinen neuen Wanderstab bei bereits vorhandenen ab. Eine ältliche Nonne verpasste mir den Stempel und bedeutete mir, dass die Übernachtung, fünf Euro, als Spende gedacht war. Na ja Spenden sind ja eigentlich freiwillig und fünf Euro kein Problem, aber ihr Zeigefinger bewegte sich schon mit energischem Nachdruck Richtung Spendenbox.

Meiner Schuhe entledigte ich mich in einem eiskalten Vorraum. So begab ich mich auf dem enorm kalten Pflasterboden in Strümpfen einen Stock höher in die Schlafsäle, die zu einem guten Teil schon belegt waren. Die ganze Herberge war furchtbar kalt und wirkte nicht sehr einladend. Mit meinem Zettel, auf den die Nonne mir meine Bettnummer vermerkt hatte ging ich in verschiedenen Räumen auf Bettsuche. In einem winzigen Raum mit 24 Betten, wie immer die da auch Platz hatten, legte ich meinen Rucksack auf ein schmuddeliges Bett. Eine Holländerin zog sich gerade um und so musste ich warten bis ich an die Leiter meines Stockbettes gelangen konnte. Ich entschloss mich zum schnellen Duschen, packte mein Waschzeug und machte mich auf zu den Brausen. Anspruch war nie eine meiner Ambitionen, aber solch grausame Duschen hatte ich noch nie gesehen. Es waren eher Holzboxen mit Wasseranschluss, ohne Ablagemöglichkeiten oder Haken für die Kleidung oder Handtücher. Nun gut ich wollte ja auch nur Duschen und mich hier nicht wohlfühlen - wollte ich? Nach fünf Minuten floss immer noch eiskaltes Wasser aus dem Brausekopf und nachdem ich den ganzen Tag gefroren hatte war ich nicht bereit mir hier die Schwindsucht zu holen.

Durch die Anstrengung der letzten Tage hatte ich enorm an Körperfülle verloren, sodass mein Gürtel seinen Zweck nicht mehr so recht erfüllen wollte. Diese Tatsache zehrte schon an meiner Physis, aber heute nicht zu duschen war zwar grausam aber die einzige logische Konsequenz. Schnell zog ich mich wieder an und trotte in mein Zimmer. Dort ging eine rege Unterhaltung mit einer Französin und der Holländerin von statten. Beide waren nicht sonderlich freundlich und schenkten mir lediglich ein kurzes und knappes "Ola". Zugegeben ich war eh schon ein wenig frustriert bezüglicher meiner Dusche. Der Unterhaltung der beiden Damen wollte ich auch nicht beiwohnen also stapfte ich immer noch in Strümpfen (ich hatte keine Flipflops dabei), in den Aufenthaltsraum. Auch hier war es unangenehm kalt - Das ganze Kloster fühlte sich wie ein riesengroßer Kühlschrank an. In einer Ecke war ein offener Kamin installiert, an dem sich einige Pilger mühten ein Feuer zu entfachen. An den Tischen entstand schnell ein Gespräch mit anderen Anwesenden, die ihre Lage hier genauso fatal einschätzten wie ich. Schnell kam die Idee auf das beste aus der Situation zu machen und gemeinsam zu kochen.

Es war erst vier Uhr, die Läden hatten bis fünf wegen der Siesta geschlossen, also vertrieben wir uns die Zeit und setzten uns um den offenen Kamin, der nur spärlich Wärme abgab. Das Feuer wollte nicht wirklich zum Leben kommen. Zu der Runde gehörte eine Sozialarbeiterin aus Berlin, Ein Ehepaar aus Kassel, die Französin und die Holländerin aus meinem Zimmer, ein Pärchen aus Feuchtwangen und ich. Ein lockeres Gespräch über dies und das, über den vergangenen Weg, wer wie weit am Tag läuft und so weiter ging von statten. Dann auf einmal ergriff der Herr aus Kassel das Wort und schlug vor, dass jeder über seine Ziele und Beweggründe, die die Veranlassung des Jakobweges waren, zu sprechen. "Ich fang gleich mal mit uns an", begann er seinen nasalen Vortrag. Ja und dann erzählte er ausführlich, dass er sich zurzeit an einem Scheidepunkt seines Lebens befindet, und dass er und seine Frau, mit der er gemeinsam in einer Firma als Produktentwickler arbeiteten. Er erwartete sich vom Jakobsweg neue Einflüsse und eine generell neue Lebensrichtung zu erlangen. Mit seiner Frau wanderte er gemeinsam aber er könnte sich auch vorstellen einige Tage getrennt zu gehen. Bei diesen Worten zuckte nicht nur seine Frau Gabi ein wenig zusammen, sondern auch das Pärchen aus Feuchtwangen. Der Herr aus Feuchtwangen, meinte flüsternd zu mir "Sagst du auch was so in der Art, ich nicht, das ist mir hier zu blöd mich öffentlich zu outen". "Ne", meinte ich sofort etwas flapsig" der hat meiner Meinung nach was an der Waffel hier einen Stuhlkreis zu organisieren". Günther, der Sprecher aus Kassel hörte unterdessen nicht auf, sein Innerstes nach außen zu kehren und sprach noch über die Last mit seinen Kindern und dass jetzt endlich wenn die mal aus dem Haus sind das Leben eine qualitativ höhere Bedeutung für beide bekommen würde. Oje dachte ich mir, wie komme ich aus der Nummer hier wieder raus? Peter der Herr aus Treuchtlingen wurde auch zusehends nervöser, je mehr sich Günthers Ausführengen dem Ende zuneigten. Aber als nächste startete die Berlinerin und führte ebenfalls ihr Gedankengut zu Markte.

Zwischenzeitlich betrat Hani Sun, der Japaner vom Vortag den Raum. Als er mich erkannte grüßte er mit einem Handzeichen und setzte sich erst mal still an einen der Tische. Ein ganz komischer Vogel (Pilger) aus Amerika zwängte sich noch in unseren Stuhlreis Mit einer Iranischen Ukulele auf dem Schoß bot er sich an seine Interpretationen zum Besten zu geben. Die Unterbrechung war anscheinend für alle ein schöner Breakpoint da alle zustimmten. Der Musiker, Gabriel sein Name, begann mit reiner Kopfstimme und etwas Ukulelen-Begleitung unverständliche Reime und Tonmelodien zu erzeugen. "Cavemusic" - Höhlenmusik nannte er dies und irgendwie wurde es immer seltsamer. Das Feuer wollte immer noch nicht richtig brennen doch dafür füllte sich das Zimmer langsam aber gleichmäßig mit Rauch aus dem schlecht ziehenden offenen Kamin. Der Musiker sang sich eine Zeitlang in Trance und irgendwann tuschelten einige miteinander. Die Französin unterhielt sich mit der Holländerin über irgendwelche Cremes, die sie in den Händen hielten und mir rutschte Richtung Peter dann der Satz: "Schau mal, die unterhalten sich auf dem Jakobs Weg über Enthaarungscreme". Blöderweise verstand die Französin ein wenig deutsch und fragte sofort nach was ich damit gemeint hätte. Peter half mir genialer weise aus der Patsche und erklärte ihr, dass wir annahmen es handelt sich um Zahncreme. Wir schauten uns beide lachend an und ganz leise bemerkte ich noch, "Ja Zahncreme mit Enthaarungszusatzfunktion". Kurze Zeit später setzte sich nochmals eine Französin zu uns die artig fragte ob sie den letzten freien Platz am Ofen einnehmen dürfte. Peter und ich nickten und ich konnte mir den Satz nicht verkneifen " Klar. wir brauchen immer Heizmaterial". "Oje", meinte Peter ich glaube wenn ich nach Santiago komme haben sie dich bereits links oder rechts am Weg gekreuzigt. "Da kannst du Recht haben", meinte ich zu Peter, aber mir war das hier alles ein wenig zu verklemmt und viel zu spirituell angehaucht. Zu unserem Glück setzte sich die ursprüngliche Unterhaltung nicht fort, da wohl auch die anderen keine Lust hatten hier so intim zu debattieren.

Peter und seine Frau waren dann auch auf einmal verschwunden, deshalb hörte ich einfach den anderen Unterhaltungen zu. Hani Sun setzte sich noch kurz zu mir bis auf einmal Günther meinte, jetzt wäre der richtige Zeitpunkt um für das Abendessen den gemeinsamen Einkauf zu starten. Doch just in diesem Moment erschienen wieder Peter und seine Frau und berichteten, dass nur fünfzig Meter weiter eine herrliche neu renovierte staatliche Herberge mit noch ausreichend freien Schlafgelegenheiten war. Fast alle stürzten los und folgten Peter um einen möglichen Wechsel abzuklären. Und wirklich - das war fast gegenüber unserem Kloster der Pilgerhimmel. Wir kehrten nach der Besichtigung sofort wieder Richtung Kloster um und holten unsere Sachen. Beim verlassen wollte die Nonne am Eingang wohl wissen, was jetzt los wäre, aber ohne Spanischkenntnisse hatte ich und sie keine Chance und dann, - ja und dann war mein Wanderstock wieder weg. Das ist jetzt alles nicht war, dachte ich, drehte mich um und versuchte der Nonne mit Zeichensprache (Hände und Füße) das Malheure zu erklären. Obwohl sie sehr verwundert tat, war mit schon klar, dass sie selber den Stab nicht brauchen konnte und auch nichts damit zu tun hatte. Also war eben der zweite Stock weg, dafür hatte ich jetzt eine warme Herberge. Schnell war der Stempel für den Pilgerausweis besorgt und das Zimmer bezogen. In den Duschen gab es richtig heißes Wasser, sogar richtig heißes, im Gegensatz zum Nonnenkloster.

Nach der Dusche wurde ich wieder ein richtiger Mensch. Der Aufenthaltsraum war schon reichlich bevölkert und in der angeschlossenen Großküche wurde schon fleißig gebrutzelt. Neben einer Endfünfzigerin setzte ich mich im Aufenthaltsraum und begann mit meinen täglichen Aufzeichnungen. Schnell kamen wir ins Gespräch und so erfuhr ich dass sie aus Rosenheim stammte, und mit kleinen Tagestouren den Weg schaffen wollte. So nach und nach trafen alle aus dem Stuhlkreis des Zisterzienserklosters hier am Tisch ein. Bis auf Günther und Gabi, denen es wohl an Flexibilität mangelte, waren auch alle umgezogen. Die Idee des gemeinsamen Kochens flammte wieder auf - eine halbe Stunde später hatte jeder irgendwas mitgebracht. Meine Rosenheimer Freundin bemerkte noch bevor wir mit kochen starteten, dass ich rein optisch unbedingt was Herzhaftes essen sollte und wollte gleichzeitig wissen was ich die letzten Tage gegessen hatte. Die Frau war anscheinend um mich besorgt, also erzählte ich ihr von meinen kleinen Mahlzeiten und dass ich seit Reisebeginn nicht mehr warm gegessen hatte. Völlig konsterniert erklärte sie mir dass der Weg so nicht zu schaffen wäre. "Du musst was essen, etwas wie Nudeln, halt etwas kohlenhydrathaltiges", mein Sohn. "Das mit dem Sohn ist doch sehr geschmeichelt", meinte ich zu ihr und dann erklärte ich der ungläubig dreinschauenden Dame, dass ich bereits seit sechs Monaten ein echter Großvater war.

Mir ging es nicht schlecht, ich fühlte mich nur furchtbar ausgelaugt, deshalb kochten wir dann Nudeln mit Gemüse und Tomatensoße mit Wursteinlage. Es war wirklich toll, alles was wir nicht hatten wurde uns förmlich aufgezwungen, Gewürze von der thailändischen

Gruppe und die Engländer schenkten uns die Restliche Tomatensauce.

Meine Rosenheimerin hatte Recht. Nach dem Essen war mir viel wohler und neu gestärkt war auch meine Stimmung schnell wieder obenauf. Das Kasseler Pärchen hatte Wein gekauft - das waren dann übrigens die Einzigen, wie schon erwähnt, die nicht umgezogen waren, die Treuchtlinger hatten Schokolade und so wurde gemütlich bis fast zehn Uhr geschwatzt, getrunken und gefeiert. Zwischendurch wollte ich mit meiner neuen „Rosenheimer Freundin" den Gottesdienst in Santo Domingo besuchen. Die Kathedrale war nur wenige Schritte von unserem Domizil entfernt und dort wollten wir unbedingt den berühmten Hahn im goldenen Käfig sehen, der jeden Pilger mit lautem Krähen begrüßen sollte. Vor der Kathedrale war eine richtige Menschenansammlung. Damen und Herren in feinen Anzügen - alles war sehr feierlich. Wir beide dachten uns nichts dabei und wischten durch einen Seiteneingang in das bereits bestens gefüllte Gotteshaus. Nach nicht einmal zehn Minuten öffnete sich das Hauptportal und der Pfarrer zog mit seinen Ministranten feierlich ein.

Und jetzt war uns auf einmal klar warum an einem Werktag hier der Kirchenbesuch so enorm war und die Gewänder so feierlich - kurz hinter den Ministranten folgte ein pompöser Sarg gefolgt von einer enormen Trauergemeinde. Wir beide schauten uns an und mussten beinahe etwas schmunzeln. Beide waren wir hier mitten in eine Beerdigung geraten und vom Pilgerhahn war nichts zu sehen. Der war wohl bei einer Trauerfeier eher unpassend, deshalb verließen wir dann auch den Gottesdienst ohne sein langes Ende abzuwarten. Dazu waren wir dann doch zu müde. Später in der Herberge hatte sogar der Höhlensänger den Weg in diese Luxusherberge gefunden und zum Schluss musizierten wir noch gemeinsam mit Mundharmonika und Ukulele. Das war meinem Gefühl nach genau das richtige Jakobsweg-Flair. An diesem Abend versäumten wir es auch nicht uns gebührend zu verabschieden, denn am Morgen startete jeder so wie er es wollte. Und tatsächlich sah ich aus dieser Gruppe bis auf den Höhlensänger niemand mehr auf meiner Reise.

Achter Tag

3.Mai Santo Domingo nach Villafranca

Damit unser Leben schöner werden kann, müssen wir manchmal eine
große Angst durchqueren. Aber wenn wir all unseren Mut zusammennehmen und Schritt für Schritt hindurchgehen, werden wir wachsen. Wie eine Blume der Sonne entgegenwächst.
Jochen Mariss

Tage wie der gestrige gibt es nur selten auf dem Weg - das waren an diesem Morgen meine Gedanken als ich um sieben Uhr die Herberge mit Rucksack und wieder ohne Wanderstab verließ. Das Wetter war schön und trocken und bei der Kathedrale überholte ich schon den ersten Pilger. Wir grüßten uns und mussten ein wenig schmunzeln. Der Wanderer - vielleicht Mitte fünfzig - war mir schon einige Male aufgefallen, weil ich ihn immer morgens überholt hatte. Wir waren nie in der gleichen Herberge aber sahen uns an diesem Morgen bestimmt schon zum dritten oder vierten Mal in Folge.

Santo Domingo war schnell hinter mir und die Strecke war gut zu laufen. Wie jeden Tag begann das Pilgern mit Schmerzen in Waden uns Schienbeinen, in den Zehen und am Fußrücken, aber immer nach einigen Stunden war plötzlich alles weg und das Gehen machte Laune. Für diesen Tag hatte ich mir vorgenommen bewusst mehr Pausen einzulegen, da ich in den Tagen zuvor oft Stunden durchgelaufen war. Also machte ich wirklich nach zwei Stunden meine erste Pause und es ging. Ich trank einen Schluck und aß einen zuvor gekauften Apfel. Aber nach fünf Minuten konnte ich schon nicht mehr sitzen und so machte ich mich wieder auf den Weg. Gegen Mittag setzten Krämpfe im Oberschenkel ein und seltsamerweise kämpfte ich mit einem leichten brennenden Gefühl am linken großen Zeh. Bei einer kurzen Pause kontrollierte ich meine Strümpfe, jedoch konnte ich nichts Ungewöhnliches feststellen. Der Tag zog sich und mein Endziel für diese Etappe sollte Villafranca sein.

Über eine langgezogene Talsenke erreichte ich auch das Ziel - ein kleiner Ort mit einer vielbefahrenen Hauptstraße. Die staatliche Albergue lag unscheinbar auf der linken Seite, war aber ordentlich und sauber. Nach der immer gleichen Prozedur des Pilgerpass Eintragens entledigte ich mich meiner Schuhe, lüftete die Einlegesohlen und plagte mich den einen Stock in die Aufenthalts- und Schlafräume hoch. Die ungewohnte Bewegung des Treppensteigens lies jeden Wanderer wie einen neunundneunzigjährigen Rentner aussehen. Ein Bett war schnell gefunden und genauso schnell machte ich mich zum Duschen auf. Das Brennen an meinem rechten großen Zeh hatte durchaus seine Ursache. Beim Entledigen der Strümpfe entdeckte ich meine erste wirklich megagroße Blase. Nach dem Duschen versuchte ich dieselbe mit einem Blasenpflaster so fest es nur ging abzukleben. Ebenso kam zum ersten Mal mein Wundspray zum Einsatz. In einem kleinen Tante Emma

Laden besorgte ich mir ein Päckchen Hühnersuppe und Eine Dose Linseneintopf. Blöd war nur, dass die Zubereitungsanleitungen auf Spanisch abgedruckt waren. So machte ich wahrscheinlich bei der Zubereitung alles falsch was nur irgendwie möglich war.

Zuhause kochte ich leidenschaftlich gerne selber und vor allen Dingen frisch, Tütenessen war nicht so meine Sache. Genauso schmeckte die Sache dann auch. Die Suppe wanderte nach drei Löffeln in die Tonne, der Eintopf wurde mit Todesverachtung und nur weil er warm war gegessen. Beim Essen lernte ich einen siebenundsechzigjährigen smarten Franzosen und einen erst sehr schweigsamen Slowaken mit Namen Jan, kennen. Beide unterhielten sich über die morgige Tour nach Burgos, die wohl unter vierzig Kilometer nicht zu machen sei, da die Herbergen weit auseinanderliegen würden.

Zudem waren noch siebenhundert Höhenmeter zu leisten.

Mir kamen spontan der erste Tag und die damit zusammenhängenden Strapazen in den Sinn. Sicher raubte dieser Gedanke auch einen Teil meines dringend benötigten Schlafes dieser Nacht. Im Schlafsaal lernte ich noch zwei nette Pilgerinnen aus Israel kennen und nach einer angenehmen Pilgerunterhaltung kehrte bald Stille ein. Schlafen konnte ich wie immer nicht. Immer wieder musste ich an die morgige Strecke und mein Handicap - die Megablase an meinem linken Zeh - denken.

Neunter Tag

4.Mai Villafranca nach Burgos

Auch wenn uns Zuversicht und Lebensfreude manchmal so klein wie Zwerge vorkommt - sie sind schlafende Riesen, die wir wecken können.
Jochen Mariss

An diesem Morgen gab es keine Möglichkeit etwas Warmes zu frühstücken, aber egal. Nach dem Rucksackpacken und der Kontrolle, ob alles da ist, hatte ich doch, wie ich später bemerkte, mein Handtuch irgendwo liegenlassen. Als mir das Malheur am Abend bewusst wurde, trocknete ich mich von da an immer mit meinem dritten T-Shirt ab. Das blieb dann auch so bis zum Ende des Abenteuers. Der Franzose vom Vortag nahm bei meiner Abreise noch ein kleines kaltes Frühstück zu sich, deshalb marschierte ich auch alleine los.

Die Blase am Zeh machte sich schon nach wenigen Schritten unangenehm bemerkbar und fing nach kurzer Zeit zu pochen an. Ich hatte das Gefühl, dass mein linker Fuß zu breit für meine Schuhe war. Ich versuchte an was anderes zu denken als an diese blöde Blase. Gleich hinter Villafranca erhob sich der Weg steil in ein dicht bewaldetes Terrain, und amüsiert bemerkte ich, dass Steigungen plötzlich kein Problem mehr waren. Ja es fiel mir geradezu leicht Bergaufwärts zu gehen. Der Weg ging über die besagte Hochebene über einen ca. zwanzig Meter breiten Pfad aus rotem Lehm, der glücklicherweise trocken und steinhart war. Nur selten sah ich hier gelbe Wegweiser, sodass immer wieder eine gewisse Unsicherheit bezüglich des richtigen Weges auftrat. Fast acht Kilometer bis zum nächsten Dorf war hier niemand unterwegs und in der Morgendämmerung wirkte die Gegend mit den aufsteigenden Nebelschleiern etwas befremdend. Immer wieder tauchten Rehe oder anderes, nicht identifizierbares Getier im Nebel auf und verschwand wieder.

Am Ende der Hochstrecke, in San Juan de Ortega, einem kleinen romantischen Dörfchen mit wunderschönen Steinbauten traf ich den Franzosen wieder. Sein Name war Michelle aus Paris. Gegenüber von uns setzte sich Christiane, eine Deutsche aus Hildesheim. Gemeinsam beendeten wir die Rast und marschierten ohne gegenseitige Zustimmung miteinander los. Wir hatten alle annähernd das gleiche Tempo, aber irgendwie lief doch jeder für sich selbst. An diesem Tag trafen wir uns mehrmals und genauso oft verloren wir uns wieder. Bei einer gemeinsamen Rast bemerkte Michelle dass ich leicht humpelte. Ich erzählte ihm von meiner ersten Blase und das am achten Tag für mich das Thema Blasen eigentlich schon abgehakt war. Freundlicherweise erläuterte mir Michelle, der lange Zeit in Konstanz am Bodensee als Berufssoldat stationiert war, wie Wanderschuhe je nach Bedarfsfall, also Berg rauf - Berg runter oder gerade Strecke , zu binden sind. Für mich taten sich ganz neue Dimensionen auf. Sofort wurde der Rat in die Tat umgesetzt und tatsächlich merkte ich eine spürbare Besserung. Am frühen Nachmittag begannen die letzten zehn Kilometer nach Burgos. Hier galt es zu entscheiden nur eine kurze dreißig Kilometeretappe zu gehen oder eben zehn Kilometer mehr. Dazwischen war keine vertretbare Herberge.

Die Entscheidung fiel auf die lange Strecke und während Michelle und Christiane mit dem Bus das hässliche Industriegebiet von Burgos aussparten, wollte ich keinen Meter mit einem Fahrzeug zurücklegen. Dazu war ich zu stolz. Die Strecke durch das besagte Industriegebiet ging über harten Asphalt und über unzählige Querstraßen. Beinahe endlos erschien dieser Weg. Es war glutheiß, eine ganz neue Erkenntnis für mich, und die Altstadt mit der rettenden Herberge wollte und wollte nicht näher kommen. Einmal machte ich auf einer Parkbank Rast, aber das anschließende weitergehen war umso schlimmer. Der Fuß schmerzte auf eine neue oder andere Art und eine Erholung war nicht das Resultat.

Wenigstens war der Weg gut beschildert und selbst nach dem Erreichen der Altstadt dauerte es ewig bis ich völlig ermattet eine Herberge fand. Meine Beine waren fast nicht mehr zu spüren. Genialer weise ging die Herberge über sieben Ebenen und mein Bett war auch noch ganz oben. Ohne Schuhe, die in einem riesigen Wandschrank ihren Platz fanden erklomm ich das Treppenhaus und fiel mit letzter Kraft in mein Bett. Nach einer halben Stunde Ruhe musste ich mich wieder nach unten kämpfen um mir was zum Essen zu besorgen. Bei der Kontrolle der ersten Blase entdeckte ich auf dem zweiten Zeh eine noch größere, die prall gefüllt sich im Stirnbereich des kompletten zweiten Zehs befand. Mit diesen Einschränkungen nochmals an diesem Tag in die Schuhe zu schlüpfen war eine enorme Überwindung - aber was half es.

Meine Frage nach dem nächsten Supermarkt wurde mir lediglich mit einem Richtungshinweis beantwortet. Nach zwei Kilometer hin und zwei Kilometer zurück hatte ich eigentlich keinen Hunger mehr, und nur mit Widerwillen aß ich die Salami, den Käse und etwas Oliven. Der Speise- und Gemeinschaftsraum war sehr unpersönlich eingerichtet - große blöckische Tische machten eine Unterhaltung über den selbigen weg fast unmöglich. Ich war erledigt, meine Füße machten mir Probleme und an diesem Tag hatte ich siebenundvierzig Kilometer gemeistert - genauso wie am ersten Tag war meine Erschöpfung grenzenlos, deshalb nahm ich mir vor, nie mehr über vierzig Kilometer an einem Tag zu gehen. Nach einem ausgedehnten Skype-Anruf zu Hause war nur noch schnelles Schlafen mein Ziel, doch neu eingetroffene Pilger - Amerikaner - machten das unmöglich. In amerikanischer Pilgermanier nahmen sie den Schlafsaal verbal in Besitz, bis endlich kurz vor zwölf Uhr die letzten verstummten. In dieser Nacht hatte ich nur Angst meine Reise abbrechen zu müssen, wenn sich meine Füße nicht schnell von den Blasen erholen würden. Das war jedoch das allerletzte was ich anstrebte, anderseits war mir aber auch klar, dass diese Entscheidung nicht alleine in meiner Hand lag.

Zehnter Tag

5.Mai Burgos nach Hontana

Andere Menschen können für uns manchmal wie eine Sonne sein, eine Sonne, der wir uns dankbar zuwenden, weil sie uns wärmt und stärkt mit ihren Strahlen aus Herzlichkeit und Wohlwollen, Vertrauen und Verständnis.
Jochen Marreis

Ohne Frühstück und froh darüber, dass meine Schuhe in der Riesenherberge nicht verschwunden waren machte ich mich am Morgen bei drei Grad plus auf die Weiterreise. Mein linker Schuh hatte den Anschein viel zu eng zu sein, das war jedoch nur das Resultat der beiden Blasen. Erst nach einer dreiviertel Stunde fand ich mein normales Tempo und erst dann konnte ich mich mit den genannten Beschwerden schmerzfrei fortbewegen und weitere zwei Stunden später hatte sich alles eingespielt. Zwei solche Stunden können furchtbar lang sein. Meine neuerlernte Schuhbindetechnik kam mir an diesem Tag besonders zugute, da es viele abschüssige Passagen gab. In der Summe war aber dieser Tag völlig in Ordnung.

Immer wieder traf ich mich mit Michelle oder Christiane, die sich in einer kleineren privaten Herberge in der vergangenen Nacht einquartiert hatten. Das war dann immer ein herzliches, kurzes Wiedersehen, denn mehr als zwei oder dreimal die gleichen Personen zu treffen war schon eine gewisse Seltenheit auf dem Camino. Ab vier Mal war man schon gut bekannt miteinander. So um die Mittagszeit machte ich in einem kleinen Ort gegenüber von einem Mikroladen, in dem es Wasser und Obst gab, Pause. Um den Laden herum hatten sich schon einige Pilger versammelt, die entweder auf dem Bordstein oder direkt, aus Mangel an Sitzgelegenheiten, auf der Straße saßen. Mit einem Jungen Pärchen aus Stuttgart, er achtzehn - sie siebzehn, kam ich schnell ins Gespräch. Man unterhielt sich über den Weg, wo man gestartet war, wie lange man schon unterwegs war und beide plauderten noch über ihre beruflichen Ziele.

Der fünfte Mai war einer jener wenigen Tage an denen ich merkte, dass Spanien auch heiß sein konnte. Ich war um die Mittagszeit schon im T-Shirt unterwegs und die Sonne brannte gnadenlos auf die Pilger in dem kleinen Ort. Die beiden bemerkten an meinen Armen einen heftigen Sonnenbrand und boten mir in richtiger Pilgermanier sofort Sonnencreme an, nachdem ich gebeichtet hatte, dass diese auf meiner Packliste gefehlt hatte. Nach diesem zwanzigminütigen Aufenthalt, länger als meine Standardpausen waren, machte ich mich wieder nach einer ausführlichen Verabschiedung auf den Weg. Menschen, mit denen manchmal nur kurze und belanglose Gespräche geführt wurden erschienen auf dem Camino anschließend so vertraut wie alte Bekannte mit denen jahrelanger Umgang gepflegt worden war. Vielleicht lag das daran, dass jeder das gleiche Ziel verfolgte, welches in seiner ureigenen Weise nur ihm selber nutzte. Niemand neidete einem anderen den Erfolg oder das Tempo. Jeder war mit seiner Weise den Camino zu begehen zufrieden mit dem gleichen Gedanken an das noch weit entfernte Ziel Santiago. Das Wetter blieb den ganzen Tag noch so schön und so erreichte ich nach zweiunddreißig Kilometern meinen Zielort Hontana, einen kleinen schmucken Ort mit wunderschönen Steinbauten und einer grandiosen Herberge. Beim Warten auf den Pilgerstempel setzte ich mich zu einem Dänen, der gerade eine Pizza vereinnahmte. Wir unterhielten uns und er bot mir gleich ein Stück von derselben an. Aber das ist der Camino, so was passiert einem nicht in der Pizza um die Ecke.

Im Gegensatz zur letzten Herberge in Burgos waren hier nur zehn Stockbetten in einem Raum. Alles war sauber und fast schon wieder familiär. Alle Zimmernachbarn gehörten zu einer Gruppe älterer Holländer, die zwar kein Englisch beherrschten aber enorm freundlich waren. Jedes Bett hatte eine Steckdose zum Füllen der Foto und Handybatterien. Nach dem lebenserweckendem Duschen setzte ich mich vor die Herberge in eine Art kleines Straßencafé und trank ein großes Bier, welches nach so einem Tag wie Honig runterlief. Über Skype telefonierte ich mit meiner Tochter um die letzten Fußballergebnisse zu erhalten. Auf dem Weg zum Essen kaufen traf ich Michelle und Christiane, beide waren wenige Meter unter mir in einer Herberge untergebracht. Wir setzten uns auf eine kleine Bank und freuten uns, dass wir uns wiedergefunden hatten. Aber nach kurzem Aufenthalt musste ich unbedingt mein Abendessen einkaufen. Das bestand heute aus Eiern Paprika Käse und Zwiebeln - ein sechs Euro Menü. In meiner Herberge machte ich daraus ein großes Omelett mit Paprika und Käse überbacken und setzte mich auf eine Dachterrasse zu einem bereits dinierenden Italiener an einen Tisch.

Giovanni arbeitete in England in einer Italienischen Pizza und verbrachte seinen Urlaub hier in Spanien auf dem Camino - so wie ich. Während dem Essen belauschte ich, zu meiner Schande, ein Gespräch eines Deutschen, der mich wieder sehr stark an einen Bekannten erinnerte, mit einem älteren amerikanischen Ehepaar. Die englische Aussprache des besagten Herren war so dermaßen schlecht und arrogant, dass ich einfach zuhören musste. Die Unterhaltung selber war eigentlich belanglos, ich wunderte mich nur immer wieder nachdem die Amerikaner nicht alles zu verstehen schienen, mit welcher selbstsicheren Arroganz Redewendungen immer wieder falsch wiederholt wurden. Selbst mein Italiener musste etwas verschmitzt über den Redekünstler schmunzeln und meinte nur "Sprachen sind dann wohl nicht seine Stärke". Kleider und Schuhe putzen standen an diesem Abend noch auf dem Programm, da die starke Sonne diese dann auch perfekt trocknen konnte. Hierzu gab es wie in vielen Herbergen Steintröge mit

Wasseranschluss, bei denen oft noch Seife in groben Blöcken lag. Alles in allem einer der sonnigsten Tage während meinem Aufenthalt in Spanien.

Elfter Tag

6.Mai Hontana nach Fromista

Auch wenn uns Zuversicht und Lebensfreude manchmal so klein wie Zwerge vorkommen: Sie sind schlafende Riesen, die wir wecken können.
Jochen Mariss

Der elfte Morgen begann auf eine sehr eigentümliche Weise. Meine holländische Rentner- Wandergruppe hatten nichts Besseres zu tun als um halb sechs Uhr erst tuschelnd und nicht besonders einfühlsam, dann mit den Worten "Ach warum machen wir nicht gleich Licht", das morgendliche Rucksackpack-Ritual zu starten. Das wäre nicht sonderlich schlimm gewesen. Hätte ich in der vergangenen Nacht, die durch meine Schlaflosigkeit seit Beginn der Wanderung eh sehr kurz war, durch brachiale Schnarch Orgien die bis um drei Uhr in der Früh gingen, wenigstens kurz schlafen können. Im Nachbarbett lag ein vier Zentner Holländer der das Schnarchen nicht nur perfekt beherrschte, sondern es auch noch aus Leidenschaft zu zelebrieren schien. Also gab es nur eins - aufstehen und einfach früher losgehen.

Auch der heutige Tag startete sonnig und trocken aber kalt. Die beiden Blasen waren kaum zu spüren. Ich hatte mir vorgenommen nicht mehr jede freie Minute an dieselben zu denken oder ihnen Aufmerksamkeit zu schenken. Das half wohl. Ich startete die Tagesetappe nach Verlassen von Hontana mit dem alltäglichen Morgenritual - jetzt nicht wundern - ich betete meine fünf Rosenkränze einen nach dem andern. Das half mir in einer gewissen Trance zu kommen, mein Tempo zu finden und mich auch religiös in Stimmung zu bringen. Was soll ich sagen, mir tat es wirklich gut, nie hatte ich mich so ausgeglichen und zufrieden gefühlt. In der Gewissheit, dass nach Beendigung der fünf Rosenkränze eine enorme Tagesstrecke vollbracht war, wiederholte ich dieses Ritual bis zum letzten Tag in Spanien, was mich auf immerhin einhundertdreiunddreißig vollständig gebetete Rosenkränze brachte.

Diese Zahl war für mich keine olympische Höchstleistung sondern ein Ritus, welcher mir persönlich Hilfestellung in körperlichen sowie seelischen Belangen gab. Mitunter suchte ich mir bewusst Personen heraus, denen ich diese Gebete zukommen ließ. Natürlich sprach ich auch nicht mit jedem darüber, da nur sehr wenige Pilger auch aus religiösen Gründen auf dem Weg unterwegs waren, obwohl bei der Aushändigung der Compostela, der religiöse Grund eine sehr wichtige Rolle spielte. Ohne diese Angabe bekam der Pilger nur eine Art schlichte Teilnahmeurkunde.

In den frühen Stunden waren überdurchschnittlich viele Pilger schon unterwegs die ich aber immer dank meines Tempos schnell hinter mir lies. So wanderte ich an diesem Tag auch, wie an den meisten, lange Passagen vollkommen alleine mit mir und meinen Gedanken.

Diese Art zu wandern genoss ich auch in vollen Zügen, freute mich jedoch auch zwischendurch über einen kleinen Tratsch mit einem zufällig getroffenen Streckengenossen. Einen bekannten Spanier, den ich in Villafranca schon kennengelernt hatte, traf ich an diesem Tag drei Mal. An diesem sechsten Mai war es ebenfalls wieder richtig heiß und es war eine Befreiung wieder mal ohne Jacken nur im T-Shirt zu wandern.

In einer Talsenke sah ich schon von weitem eine kleine, heruntergekommene Kirche völlig alleine in der Landschaft stehen. Dort angekommen fand sich ein Eremit darin, der gegen eine Spende Wasser, Saft und Obst anbot. Ich nahm dankend einen Kaffee an und so kamen wir ins Gespräch. Nachdem er festgestellt hatte, dass ich nur des englischen mächtig war meinte er etwas anmaßend, dass die richtigen und echten Pilger mindestens Spanisch, Französisch oder Italienisch sprechen müssten. Also war ich kein echter Pilger. Die kleine Kirche in dem der Eremit hauste, hatte einen wunderschönen erhaltenen alten Altarraum. Auf dem Hauptaltar stand eine alte Ikone, die ich unbedingt fotografieren musste, da ich in meinem Bekanntenkreis einen leidenschaftlichen und wirklich begabten Ikonenmaler hatte, der auch für mich schon eine angefertigt hatte. Die Ikone, die mein Bekannter für mich gemalt hatte dauerte bis zur Fertigstellung fast ein halbes Jahr und war dann ein Geschenk an meine Frau zu unserer silbernen Hochzeit. In einer kleinen Seitennische stand eine alte Konzertgitarre, die mein Interesse weckte. Auf Nachfragen bei Bruno, so hieß der Eremit, ob es wohl erlaubt wäre darauf zu spielen, setzte ich mich mit dem Instrument hin und spielte einige Minuten. Damit hatte Bruno wohl nicht gerechnet. Er setzte sich zu mir und lausche andächtig meinem Gezupfe. Zum Schluss meinte er, dass Pilger die nicht Spanisch, Französisch oder Italienisch beherrschen auch gute Pilger sein können wenn sie die allumfassende Sprache der Musik beherrschen. Wir umarmten uns und ich ergatterte für meinen Pilgerpass noch einen Stempel von ihm. Die Kirche war dem heiligen Nikolaus geweiht und mein Enkelsohn trägt den Namen Nico – es kann ein Zufall sein - aber es freute mich sehr hier eine Rast gemacht zu haben. Vor der Kirche war eine alte Holzbank, und als ich heraustrat, saßen da - Michelle und Christiane meine alten Bekannten. Wir unterhielten uns eine Weile und marschierten wieder getrennt weiter.

Der weitere Tag war zwar trocken aber kühl. In Fromista angekommen musste ich mich schon sehr anstrengen die Herberge zu finden, die lag nämlich hinter einer schön renovierten Kirche. Ich überlegte auch noch eine ganze Weile ob es nicht besser wäre noch weiter zu marschieren, da es hier nicht sehr einladend war und außerdem wieder mal kein warmes Wasser zum Duschen vorhanden war. Deshalb wurde nicht geduscht und ich hoffte auf den nächsten Tag und auf die nächste Herberge um mit mehr Glück nicht nur warm sondern heiß zu Duschen.

Nach dem einchecken versuchte ich mein Glück im örtlichen Supermarkt.

Der Weg führte entlang einer seltsamen Baumallee aus niedrigen, stark verzweigten hellgrauen Zweigen, das ich so in dieser Art noch nie gesehen hatte. Wie ich auf die Idee kam mich an diesem Tag von Chips und Cola zu ernähren, ist mir schleierhaft. Ich denke es sollte was schnelles sein, denn ein Essensraum oder eine Küche waren nicht verfügbar. Im Innenhof der Herberge setzte ich mich in die letzten Sonnenstrahlen und futterte mein seltsames Abendessen. Unterhaltung fand ich bei einer Dänin Mitte vierzig, dich ich an diesem Tag irgendwann mal überholt hatte. Sie war sehr gesprächig, und witziger Weise erzählte sie mir dass auch sie, wie ich, neun Kinder zu Hause waren. Auf dem Weg passieren ja viele Dinge und man erlebt lustiges und nachdenkliches, in verschiedenster Form und Heftigkeit, welches man selber nicht bestimmen kann.

An diesem Abend bekam ich von dieser sehr nachdenklichen Seite noch eine komplette Abhandlung. Kurz nachdem ich mich von meinem Abendessen verabschiedet hatte (blöde Idee Chips und Cola zu essen) und die restlichen Kartoffelchips umhersitzenden Pilgern als Nachspeise angeboten hatte, setze sich ein Endvierziger mit drei Millimeterschnitt neben mich. Er begrüßte mich mit „Ola" und wollte mein Herkunftsland wissen. Er, Patrick kam aus Dresden und war mit dem gleichen

Ausgangspunkt genau vier Tage länger unterwegs als ich.

Erst wollte ich diese Konversation nicht ausweiten, je länger sie dauerte desto betroffener wurde ich und schämte mich beinahe, den "Ossi", vorab schon abgestempelt, zu haben. Patrick berichtete mir, dass er sehr wohl die Reise nach Santiago organisiert hatte aber nicht mehr die Rückreise. Nach einer langwierigen Chemotherapie hatte er sich mit zwei nicht zu operierenden Hirntumoren und einem Sack voll Morphium auf Anraten seines Arztes hierher aufgemacht. Nach anfänglichen Schwierigkeiten, so meinte er, war die Chemotherapie nach vier Tagen vollständig ausgeschwitzt worden und er roch das erste Mal nach langer Zeit ganz normal nach Schweiß. Sein Morphium rettete ihn über den Abend und über die Nacht, tagsüber hatte er nur wenige Probleme. Und außerdem könne er den Qualen jederzeit mit einer gezielten Überdosis ein Ende setzen. Eine solche Aussage nahm mir dann schon kurzzeitig den Atem und im ersten Anflug von Aktionismus versuchte ich ihm das auszureden. Keine Angst meinte Patrick, Schmerzen können mich nicht zu solchem Handeln verleiten - und dann kam der zweite Teil seiner Geschichte. Seine Frau hatte ihn nach Bekanntwerden der Krankheit verlassen. Sein Sohn war in der Ausbildung durch dieses Ereignis dermaßen abgefallen, dass er sein Leben mit Spiel- und Fresssucht verbrachte. Einzig seine Tochter zur der er gelegentlich noch Kontakt hatte, war sein Anker in der rauen See seines bisherigen Lebens.

Patrick erzählte seine Geschichte relativ gelassen ohne in irgendeiner Weise schon resigniert zu haben. Auf meine Frage, ob er gläubig wäre, meinte er, Religion war in seiner Jugend kein Thema, aber er hätte einen guten Freund der Pfarrer ist und sollte er diese Reise durchstehen wollte er sich taufen lassen. Im Übrigen hatte er mit der christlichen Religion eigentlich immer gute Erfahrungen gemacht und erst vor ein paar Tagen in Santo Domingo wurde er von einem Pfarrer, der wohl merkte, dass er irgendetwas suchte, zu einer Herberge geleitet und bekam anschließend noch eine kostenfreie Stadtführung. Nach Patricks Erzählungen saßen wir anschließend einige Zeit beisammen und unterhielten uns noch über dies und das bis die meisten dann das Bett aufsuchten um für den nächsten Tag gerüstet zu sein. Ich selber blieb noch länger im Dunkeln draußen sitzen und musste immer wieder an Patricks Geschichte denken. Angesichts eines solchen Schicksals, waren die kleinen Blessuren und Unwegsamkeiten eigentlich nur Makulatur. In meinem Zimmer war ein deutsches Pärchen, die ein sehr stressiges Verhältnis untereinander pflegten. Das war für mich dann wieder eine Bestätigung, dass es richtig war den Weg alleine zu gehen. Als ich mich ins Bett legte waren Beide in ein sehr inniges Streitgespräch vertieft, an dessen Inhalt ich mich nicht mehr erinnere, welches aber doch noch mindestens eine Stunde gedauert hatte.

Zwölfter Tag

7. Mai. Fromista nach Calzilla de la Cueza

Um der zu werden der man sein könnte bedarf es der Kraft und des Mutes, doch so manch einer verzettelt seine Kraft mit unnützen Dingen oder verliert seinen Mut wenn der Weg sich als schwerer und länger erweist als gedacht.
Rose von der Au

Endlich wurden die ewigen auf und ab - Passagen weniger, und das Gelände wurde flach und somit auch das Gehen nicht mehr ganz so extrem. Nach zwei Stunden hatten sich meine Füße und meine Schuhe wieder aneinander gewöhnt. Die Blase am zweiten Zeh macht mir noch zu schaffen aber es war auszuhalten. Außer zwei kleinen Pausen war während des Tages nichts Außergewöhnliches los. Besonders toll war das letzte Stück. Hier gab es mal wieder die Wahl zwischen zwanzig Kilometern oder achtunddreißig. Zwanzig waren mir definitiv zu wenig und so beschloss ich vor der letzten achtzehn Kilometer langen Etappe, auf der es laut Reiseführer kein Haus, keine Wasserstelle und keine Raststation gab, eine kurze Pause einzulegen.

Ich setzte mich auf eine Bank am Rande eines kleinen Dorfes und packte die Reste vom Frühstück aus, welches ich mir heute geleistet hatte. Nach einiger Zeit sah ich nicht weit entfernt einen jungen Schäferhund streunen und dachte noch an die Reiseberichte die ich vorher gelesen hatte, dass immer wieder Hunde auch lästig sein könnten und ein Stock zur

Verteidigung nicht schadete. Jetzt musste ich an meine verlorenen Pilgerstäbe denken und noch nicht ausgedacht stand der Hund schon vor mir. Erst schnüffelte er noch, dann versuchte er meine Schuhe zu schnappen und zuletzt wurde er so lästig, dass ich aufstehen und mit einigen lauten Worten und Fußstampfen mich aktiv zur Wehr setzte. Zum Glück rief der Besitzer des Tieres von weit entfernt zu sich zurück und ich machte mich auf dem schnellsten Wege davon. Ich hatte keine Lust mit einer Bisswunde die ganze Aktion aufs Spiel zu setzten.

Diese achtzehn Kilometer hatten es wirklich in sich. Mit dem Bewusstsein nicht anhalten zu können plagte ich mich Kilometer für Kilometer zur nächsten Herberge. Schier endlos gerade und unspektakulär war der Weg und man hatte den Eindruck die nächsten zehn Kilometer schon im Voraus zu sehen. Außer einer kleinen Pause mit einer Gruppe Franzosen, mit denen ich Rast machte und die mir französische Spezialitäten anboten, war da nichts was den Weg unterbrechen oder interessant gestalten konnte.

Aber alles hat ein Ende und so war am Schluss des Tages die Herberge erreicht. Achtunddreißig Kilometer war heute die Tagesleistung, dementsprechend waren auch die Beine, Füße - eigentlich der ganze Kerl müde. Im Hinterhof konnte man waschen, hier hatte sich schon eine größere Gruppe auf den bereitgestellten Gartenstühlen versammelt und führten angeregte Gespräche in Spanisch Italienisch - eben in Sprachen deren ich nicht mächtig war. Ich legte mich auf mein Bett und versuchte nur zu entspannen. Aber wie es der Zufall wollte, und der Zufall wollte es häufig auf dem Jakobsweg, kamen überraschenderweise Michelle und Christiane herein. Nach einem großen Hallo entschlossen wir uns, gemeinsam zum Essen zu gehen. Ich gönnte mir Rippchen mit Nudeln und gemeinsam tranken wir eine Flasche Rotwein.

In dem Speisesaal der Gaststätte saßen viele Pilger und immer wieder ging ein Trinkspruch durch die Runde, der sich von Pilger zu Pilger und von Tisch zu Tisch durch den ganzen Saal zog. Es war wirklich ein erhebendes Gefühl einfach dazuzugehören, ohne einen Gedanke an Nationalität oder Rasse. Vielmehr war es immer eine schöne Überraschung eine neue Nationalität zum Bekanntenkreis zu zählen. Meine Zahl der verschiedenen Nationen lautete am Ende: zweiundzwanzig. Im Schlafsaal versuchte ich mühevoll einzuschlafen, was mir aber wie immer misslang. Immer wieder setzte ich mich in meinem oberen Teil des Stockbettes auf. Dabei stellte ich fest, dass gleichen neben mir Jan aus der Tschechoslowakei lag, den ich in Villafranca kennengelernt hatte. Anscheinend konnte auch er nicht so recht schlafen. Wir begrüßten uns stumm, für ein Gespräch war es schon zu spät.

Dreizehnter Tag

8. Mai. Calzilla de la Cueza nach Calzadilla de la Cueza

Unser Leben ist vielleicht nichts weiter als ein Tropfen, ein Sandkorn, ein Sternenfunkeln.
Aber du kannst jeden Augenblick davon so bedeutsam machen wie das Meer, den Strand und die Sterne darüber.
Jochen Mariss

In guter Verfassung und einigermaßen ausgeruht machte ich mich an diesem Morgen auf den Weg - bei Nieselregen. Dieser Nieselregen entwickelte sich binnen einer Stunde in einen ausgewachsenen Landregen der unglücklicherweise den ganzen restlichen Tag nicht aufhören wollte. Meine Strategie einen solche Tag zu überstehen war ganz einfach - laufen. Die Landschaft gab an so einem Regentag nicht wirklich was her und so konnte ich mich auf mich selber und meine Gedanken konzentrieren.

Der Rucksack war mit dem Regenschutz abgeschirmt und ich mit meiner Regenjacke und Regencape, somit war selbst ein kurzer Stopp ein wirkliches Drama bis alles wieder an Ort und Stelle war und ordentlich bereit zum Weiterlaufen. Mein Reiseführer versprach mir für diesen Tag eine Herberge mit warmem Wasser und Internetanschluss zum skypen, allein dieser Gedanke war für mich Antrieb genug. Doch irgendwie bin ich dann wohl vom Weg abgekommen und erreichte mein Ziel viereinhalb Kilometer später über eine

Parallelstraße. Je länger der Regentag sich fortsetzte umso mehr weichten dann auch die Schuhe durch, also wirklich wasserdichte Wanderschuhe hatte ich bei keinem Pilger unterwegs gesehen außer bei einem Schotten, der später noch in das Geschehen eingreifen wird.

Eine kleine Pause machte ich in Nicolás del Real Camino, einem kleinen Ort, der den Vorteil hatte, dass vor der örtlichen Kirche sich ein überdachter Platz mit Bänken befand auf denen sich der Wanderer, also auch ich, ein wenig ausruhen konnte. Die Herbergsmutter, eine altere Französin, erschrak, als ich mit meinen nassen und schmutzigen Schuhen eintrat. Sofort bemühte sie sich mir Zeitungspapier bereitzustellen, um die Schuhe schnell trocken zu bekommen. Das erinnerte mich unweigerlich an meine Kindheit. Immer wenn wir vom herumstreunen mit nassen Schuhen heimgekommen sind, wurden die Schuhe mit trockenem Zeitungspapier ausgestopft, denn ein zweites Paar gab es nicht.

Die Gastgeberin sprach nur französisch – ich nicht. Aber um einen Stempel im Pilgerausweis und ein Bett zu organisieren reichte es aus. Die Zimmer waren furchtbar steril und kalt. Sie glichen eher Holzboxen auf zwei Etagen. Im Gemeinschaftsraum war es genauso kalt und selbst ein kleiner Ofen vermochte den Raum nicht zu erwärmen. Vor demselben hatte sich schon ein Argentinier mit seiner amerikanischen Freundin, zum Aufwärmen, niedergelassen. Ein vielleicht zwanzigjähriger Amerikaner saß ebenfalls dabei und verpflegte seine Fußsohlen, die über und über mit Blasen bedeckt waren. Auf dem gesamten Weg habe ich solche lädierten Füße nie mehr gesehen. Wie zu erwarten waren die Duschen kalt. Selbst nach mehreren Minuten floss immer noch eiskaltes Wasser durch den Brausekopf. Also zog ich mich wieder an und fror weiter.

Nach dem Duschversuch war an diesem Abend meine kategorische Fußpflege das Wichtigste. Leider gab es heute keine ausgedehnten Pilgergespräche, aber so hin und wieder mal früher ins Bett gehen konnte gar nicht verkehrt sein, denn am kommenden Morgen hieß es wieder weiterlaufen auf dem Weg der Wege. Ein kurzes Gespräch mit einem Schotten war zwar angenehm, aber der schottische Akzent hatte es in sich. Um alles zu verstehen musste ich doch einige male nachfragen, was mir anfänglich noch ein wenig peinlich war.

In der Nacht machten der Argentinier und seine Freundin noch mächtig Krach. Mein Bettnachbar, ein Rheinländer, konnte es nicht fassen, dass nach einer Tagestour noch so viel Restenergie für Matratzensport übrig blieb. Aber alles geht vorbei und irgendwann wurde es auch bei den beiden still und ich lag wieder wie gewohnt wach im Bett.

Vierzehnter Tag

9. Mai. Calzadilla de la Cueza nach Puento Villarente

Weniger zögern und mehr wagen, öfter innehalten, anstatt zu hasten, heute leben, anstatt zu verschieben, unsere Träume leben, anstatt unser Leben zu träumen.
Jochen Mariss

Mein Tagesziel war heute Puente Villarente, ein Vorort von Leon. Ich hatte diesen kleinen Flecken bewusst gewählt um nicht in Leon übernachten zu müssen. der Tag begann wieder mal grau in grau und mit Nieselregen der sich wieder zu einem ergiebigen Landregen entwickelte. Ein kanadischer Pilger hatte heute Morgen für alle Rührei gemacht, was von allen Anwesenden gerne angenommen wurde.

Zum wiederholten Male streifte ich meinen Regenponcho über und versuchte mit drei Wäscheklammern notdürftig den immer größer werdenden Riss wasserdicht zusammenzuklammern. In einer kleinen Bar bestellte ich Frühstück. Neben mir nahm ein Kanadier Platz und unterhielt sich angeregt mit mir über die vielen bereits angetroffenen Nationalitäten. Und wirklich saßen in der Bar nach einem kurzen Rundblick Spanier, Italiener, Südafrikaner, ein Kanadier und eben ein Deutscher – ich. Der Kanadier war von der Sorte Mensch, der einem nach einem fünfminütigen Gespräch so vertraut vorkam wie ein lange bekannter Schulkamerad. Anfangs stufte er mich als Däne ein, eine Sonderheit, die mir öfters unterwegs passierte – also musste irgendwas dänisch an mir sein. Angeblich waren die meisten Deutschen nicht sonderlich kommunikativ. Als er sich schon zum Gehen aufmachen wollte drehte er sich nochmals abrupt um und nahm mich wie einen alten Bekannten in den Arm, ging an die Theke zum Zahlen und ward nicht mehr gesehen. Ich saß noch eine Weile und begann noch ein Gespräch mit den Südafrikanern (hier erfuhr ich natürlich erst ihre Herkunft).

Vor dem Losmarschieren mummte ich mich wieder in meine Regenhaut ein und wollte an der Theke bezahlen. Der Wirt zeigte jedoch auf den leeren Platz des Kanadiers und erklärte mir wild gestikulierend, dass alle Schulden beglichen wären. Etwas ungläubig und verwundert machte ich mich in den morgendlichen Regen auf und merkte nach einigen Kilometern, dass ich nicht mal nach dem Namen meines Spenders gefragt hatte. Dieses Ereignis trug mich eine lange Strecke an diesem Tag. Der nächste Halt war Reliegos, achtzehn Kilometer später. Dort trank ich, um nicht den Rucksack abnehmen zu müssen, mitten im Ort aus einer Quelle. Trotz Kälte und Regen war mitunter das Trinken eine nicht zu unterschätzende Notwendigkeit. Ein Tag mit zu wenig Wasser konnte Unwohlsein oder komplette Erschöpfung bedeuten. Viel schlimmer war die Gefahr einer Sehnenentzündung bei mangelnder Wasserversorgung. Das hatte ich gelegentlich selber abends zu spüren bekommen, besonders bei den Touren an denen es furchtbar kalt war und somit das Trinken als nicht notwendig empfunden wurde, und dementsprechend wenig konsumiert wurde.

Heute waren die Wegmuscheln, die den Jakobs Weg auszeichneten nur sehr rar gesät und oft war ich mir nicht mehr hundert Prozent sicher, ob der Weg noch der richtige war. Aber letztendlich erreichte ich mein Etappenziel sehr früh um vierzehn Uhr. Aber um keinen Preis der Welt wollte ich weiterwandern, denn die Herberge, eine der privaten Art, war aus einem alten Bauernhof entstanden und wirkte wie frisch eröffnet. Ich wurde in einer besonders freundlichen Art begrüßt und mein Zimmer war ein Traum. Die sanitären Einrichtungen waren perfekt und so saß ich frisch geduscht und gestärkt schon um fünfzehn Uhr in einem bequemen Sessel und skypte an meinem eigenen Festtag, es war Vatertag, mit meiner Familie. Ganz unverhofft und verschwitzt stand plötzlich der Schotte mit einem trockenen Lachen vor mir. Ich zeigte ihm schnell die mir schon bekannten Gegebenheiten nebst Waschraum, die wir beide gerne in Anspruch nahmen, um anschließend bei einer Dose Cola gemütlich beisammenzusitzen. Schnell zeigte ich Frank aus Schottland den Internetzugang damit auch er mit seiner Frau in Verbindung treten konnte. Er war ein Mittsechziger, nicht besonders groß, hatte einen herben Schottischen Akzent und war eine sehr sympathische Erscheinung. Wir sollten uns bis zum Ende des Weges nicht mehr aus den Augen verlieren.

Die Herberge war wirklich der Wahnsinn, neben einem enorm großzügigen Empfangsraum mit Kachelofen und Kochnische gab es im hinteren Bereich Regale mit Zeitungspapier für die nassen Schuhe. Dabei wurde wie in der letzten Herberge einfach zusammengeknülltes Zeitungspapier in die Schuhe gesteckt in der Hoffnung, das saugfreudige Papier würde den Trocknungsprozess beschleunigen. Was auch wirklich klappte. Im Hinterhof waren der Raum für die Wäsche und ein Überdachter Trocknungsplatz mit Wäscheleine.

Frank erkundigte sich bei mir ob ich denn schon das Pilgermenü bestellt hätte, daraufhin entschloss ich an diesem Abend in der Gesellschaft von Frank ebenfalls zu essen. Um siebzehn Uhr war der Beginn des Abendessens. Am Tisch saßen nebst Frank ein älteres amerikanisches Ehepaar, ein Däne, ein Hamburger zwei Schweden und ich. Zur Vorspeise gab es eine ordentliche Portion Spagetti, gerade die richtige Menge für einen ausgehungerten Pilger. Doch kaum beendet wurde Frank unruhig und machte ein sehr bedenkliches Gesicht. Aus einem mir unbekannten Grund stand er dann auf und sagte nur noch, dass er nichts mehr möchte und auf den Rest des Menüs verzichten werde. Ich war ein wenig konsterniert und konnte mir erst mal nicht erklären was Frank bewegte. Nach Franks

Verschwinden entstand trotzdem noch ein sehr angenehmes Tischgespräch der verschiedenen Nationen – natürlich in Englisch – immer wieder von den verschiedenen Pilgermenügängen unterbrochen. Der zweite Gang bestand aus Kotelett mit Kartoffelschnitzen (abgezählt) bei denen der Hauptprozentsatz des Koteletts die Knochen ausmachte. Als Nachtisch gab es Obst oder den berühmten spanischen „Flam" eine Art Vanillepudding, der hier leider nur aus dem Plastikbecher war.

Aber gut, das warme Essen machte zufrieden und nachdem der ganze Zauber des Pilgermenüs vorbei war verzogen sich die Anwesenden schnell in ihre Betten um nicht nur frisch gestärkt sondern auch ausgeschlafen zu sein. Das plötzliche Verschwinden von Frank beim Abendessen beschäftigte mich noch ein wenig bis ich schließlich weit nach Mitternacht zur Ruhe kam.

Fünfzehnter Tag

10. Mai. Puento Villarente
nach Villar de Mazarife

Unverhoffte Hilfe in der Not ist wie ein Strom in der Wüste.

Nach dem morgendlichen Rucksack packen traf ich beim Schuhe anziehen Frank. Er erzählte mir auf mein Nachfragen, dass ihm beim Abendessen am vergangenen Abend plötzlich und unvermittelt übel geworden war aber jetzt alles wieder perfekt wäre. Wir entschlossen uns gemeinsam loszugehen. Nach einer dreiviertel Stunde machten wir noch Pause und tranken Kaffee. Auf der anschließenden Etappe verloren wir uns. Frank wanderte wesentlich langsamer als ich und brauchte auch mehr Pausen. zwischen uns waren annähernd zwanzig Jahre Unterschied.
Der Weg führte heute durch Leon, das bedeutete dass ich zwei Drittel des Camino hinter mir hatte. Fast kam schon ein bisschen Wehmut auf, aber noch war ich unterwegs und keinesfalls sicher am Ziel. Ein primäres Ziel an diesem Tag und ebenfalls ein wunderschöner Rastplatz war der großzügige Vorplatz bei der Kathedrale. Hier setzte ich mich zu einigen anderen Pilgern, schaute mir in aller Ruhe das Gebäude in der gleisenden Sonne an und genoss eine halbe Stunde einfach den Tag. Aber wie so oft wurde auch hier wieder für die Kathedrale Eintritt verlangt und das konnte ich überhaupt nicht leiden. Eine öffentliche Kirche sollte meiner

Meinung nach auch öffentlich zugänglich sein. Deswegen entschloss ich mich weiter zu gehen. Die Wegmarkierungen in den größeren Städten funktionierten meist perfekt. Sie bestanden entweder aus gelben Pfeilen, die in kurzen Abständen auf Gehwege gepinselt waren und einen Irrweg eigentlich nicht zuließen oder in der edleren Form aus Muscheln in Stein oder Bronze gehalten, die im Pflaster eingelassen waren. Das funktionierte eigentlich wirklich gut damit hatte ich in der Vergangenheit keine Schwierigkeiten.

Nur an diesem Tag, sei es aus Unachtsamkeit oder weil mein Blick durch die Architektur der Stadt abgelenkt war, fehlten mir auf einmal die Wegweiser. Im ersten Moment empfand ich das nicht als sehr schlimm und dachte nur: Der nächste Pfeil kommt bestimmt. Etwas später war ich mir nicht mehr sicher wie lange ich schon keine Markierung mehr gesehen hatte und schließlich blieb ich hilflos stehen und schaute prüfend in alle Richtungen ob nicht irgendwo ein Pilger mit Stab und Rucksack unterwegs war, dem ich unauffällig folgen konnte. Aber nichts – ich befand mich in einer großen Fußgängerzone und hatte nur eine Chance weiterzukommen, indem ich irgendjemand nach dem Weg fragte. Nun mein Kontakt zur spanischen Bevölkerung war immer nur auf die Herbergen beschränkt und mein Spanisch eher grottenschlecht aber mit dem Wort „Camino" und das Vorzeigen meiner Pilgermuschel war mein Anliegen soweit präzisiert, dass ein gepflegter Mittsechziger mit

Pferdeschwanz und Sakko mir den Weg sehr freundlich erklärte – auf Spanisch. Den Ausführungen nach schien ich doch ein ganzes Stück von der Ideallinie abgekommen zu sein. Aber nicht genervt sondern eher belustigt nahm er mich, nachdem er merkte dass ich kein Wort verstanden hatte, am Arm und ging mit mir fast zwei Kilometer durch Leon und erklärte mir auf Englisch so gut er konnte noch die Stadt. Selbst als die bekannten Jakobsweg Markierungen wieder auftauchten begleitete er mich noch bis zur Stadtgrenze und verabschiedete mich mit einem Freundlichen „Buen Camino". So freundlich durch den Großstadtdschungel gleitet fand ich mich wieder alleine auf meinem Weg. Ich überlegte, ob mir so was in Deutschland auch hätte passieren können – wohl eher nicht.

In einem nachgelagerten Örtchen von Leon begegnete mir ein deutscher Pilger, der mir entgegen kam. Mit den Worten „Wrong way – Falsche Richtung" sprach ich ihn an, worauf er anhielt und mir leicht verärgert erzählte, dass am Geldautomat wohl seine Kreditkarte zerstört worden war und jetzt mit zwanzig Euro dastand. Verschiedene Pilger hätte er schon nach Geld gefragt, jedoch keiner war bereit gewesen Ihm etwas zu leihen. Natürlich wollte er das Geld zurücküberweisen sobald er wieder in Deutschland war. Auf meine Nachfrage um wie viel Geld es denn ginge, meinte er ja mit achtzig Euro wäre mir schon mal geholfen. Aha – nur achtzig Euro. Unweigerlich und vielleicht ungerechterweise rechnete ich hoch wie oft dieser Trick zum Erfolg führen könnte und entschuldigte mich mit der Erklärung, dass mein Budget genau getimt wäre und ich keine Kreditkarte dabei hätte. Kaum hatte ich meine Ausführungen beendet, war er auch wieder schimpfend unterwegs. Ich drehte mich noch um und schaute ihm eine Weile nach, machte mir noch ein wenig Gedanken ob ich doch hätte helfen sollen, entschloss aber dann für mich, dass meine Entscheidung die Richtige gewesen war.

Der Camino führte hinter Leon zum Teil an der Autobahn entlang und kreuzte die selbige dann auch. Anschließend wurde das Gelände wieder hügelig. Am Wegesrand sah man relativ häufig kleine Steinmännchen, die die Pilger mit mehr oder weniger Kunstfertigkeit errichtet hatten. Diese stummen Zeugen stellten für viele Pilger die Freude über den bereits gemeisterten und erfolgreich zurückgelegten Weg dar. An diesem Tag sah ich das erste Mal eine ganz neue Kreation. Am Fuß eines Wegweisers aus Granit mit der gelben Muschel standen leicht verwitterte Wanderschuhe mit der Aufschrift „sorry, that´s enuogh" − „Entschuldigung, aber es reicht". Leicht amüsiert, mit welchem Humor hier ein Wanderer sein Vorhaben abgebrochen hatte, bewältigte ich die letzten Kilometer bis Villar de Mazarife. Kurz vor dem Ort lernte ich noch ein Mädchen aus Taiwan kennen, mit der ich die kleine Strecke bis zur Herberge ging. Aus der optischen Auswahl „Erholungsheim" oder „Hardcore- Herberge für Anspruchslose" wählten wir das Erstere, das sich im Nachhinein auch als das Richtige herausstellte.

Vor dem Gästehaus San Anton gab es eine großzügig angelegte Liegewiese, auf der sich Pilger in Liegestühlen bereits bequem gemacht hatten. Die Schlafräume waren ordentlich und die Nasszellen sauber inklusive heißem Wasser. Warmes Abendessen lies ich an diesem Tag aus und besorgte mir im Tante Emma Laden vor Ort eine kleine Brotzeit. Hier traf ich Ralf aus Köln, der mit drei Damen aus dem Rheinland unterwegs war. Die kleine Gruppe hatte sich kurz nach Saint Jean kennengelernt und war seitdem unzertrennlich unterwegs. Ralf erklärte mir, dass immer morgens das Etappenziel besprochen wurde und tagsüber jeder zum Teil getrennt unterwegs war.

Zum Abendessen saß ich mit einem Texaner vor der Herberge am Tisch, mit dem ich Brot, Wein Käse und Oliven austauschte. Wir hatten ein angenehmes Gespräch über dies und das und die Antworten und Fragen im besten Texanisch waren wirklich herzerfrischend. Für die Pilger, die ein warmes Pilgermenü bestellt hatten kam der Essensruf, sodass mein texanischer Freund und ich alleine am vor dem Haus verblieben. Urplötzlich bog eine Pilgerfamilie in die Herberge ab bewaffnet mit Rucksack und einem schiebbaren Fahrradanhänger mit Verdeck. Aus dem blinzelten ein Junge mit vielleicht vier Jahren und ein Mädchen, welches zirka zwei Jahre älter sein mochte. Etwas verblüfft schauten der Texaner und ich uns an und wunderten uns ob des Mutes der beiden Eltern solche Strapazen mit Kleinkinder zu wagen. Aber wir waren nicht hier um darüber zu urteilen sondern wir begrüßten die vier mit einem herzlichen „Ola". Die Eltern checkten in der Herberge ein während die Kinder sich mit einem kleinen Gummiball die Zeit vertrieben. Der Texaner Martin und ich schauten den Kindern zu während wir noch mit unserer Brotzeit beschäftigt waren – und dann ging alles furchtbar schnell.

Die Herberge und der Vorgarten in dem die Kinder spielten waren von einer niedrigen Mauer umgeben. Über diese Mauer sprang, wie aus dem Nichts ein Schäferhund, mischte sich zwischen die Kinder und schnappte dem Jungen unmittelbar vor dessen Gesicht den Ball weg und zerfetzte ihn in Sekunden auf dem Boden. Daraufhin hetzte er mit seiner Beute in einen naheliegenden Bauernhof und war verschwunden. Die beiden Kinder schrien auf vor Schreck und liefen wie von der Tarantel gestochen an uns vorbei in die Herberge. Martin reagierte am schnellsten und verfolgte so schnell er konnte den Hund in das Gehöft. Ich wartete noch auf die herausstürzenden Eltern die ebenfalls meiner Weisung folgend in das Gehöft hetzten. Die Kinder blieben ziemlich verstört bei mir sitzen und hofften nach dem ersten Schreck nur auf ihren Gummiball.

Nach einer geraumen Weile trafen die Eltern und Martin wieder in der Herberge ein und hatten von dem Bauern, der in der Hütte des

Hundes den zerrissenen Ball gefunden hatte, einen Ersatzball bekommen. Zum Glück aber war den beiden Kleinen nichts passiert, sonst wäre das schon eh mutige Unternehmen „Familienpilgern" hier schnell und jäh zu Ende gegangen. Nachdem wir uns nach der Aufregung in den Schlafsaal zurückgezogen hatten widmete ich mich mal wieder der Fußpflege. Endlich traute ich mich das schon einige Tage alte Blasenpflaster zu entfernen, und siehe da – die Blase war perfekt ausgetrocknet und die trockene Haut schon leicht angehärtet. Eigentlich Grund zur Freude nur stellte ich mit Erschrecken fest, dass mein linker Fuß angeschwollen und ganz leicht taub war. Mit Voltaren versuchte ich die Schwellung zu lindern und mit einem höchst unguten Gefühl legte ich mich ins Bett. Ein geschwollener Fuß, der anfängt taub zu werden, kann im Extremfall ein Grund für einen zwangsweisen Abbruch der Tour werden. Mit diesem Gedanken bin ich an diesem Tag eingeschlafen und am nächsten Tag aufgewacht.

Sechzehnter Tag

11.Mai. Villar de Mazarife nach Murias de Rechivaldo

Eine kleine Korrektur des Weges kann große Veränderungen nach sich ziehen.

Nach extrem leisem Rucksack packen wollte ich eigentlich heute Frühstück in der Herberge einnehmen und so früh wie möglich losgehen. Als ich so durch den dunklem Schlafsaal in Richtung Frühstücksraum tappte, der einen Stock tiefer lag, stolperte ich beinahe über Martin den Texaner, der auf dem flachen Rücken lag und wie er es ausdrückte seine morgendlichen Dehnübungen machte, ohne die ein Wandern für ihn unmöglich war. Gemeinsam gingen wir in den Frühstücksraum um anschließend getrennt in den klaren eiskalten Morgen zu starten, gestärkt mit Kaffee und Weißbrot.

Ohne Blasenpflaster zu gehen war mental eine gewisse Befreiung aber nicht einmal zwei Stunden später war mein linker Fuß, der am Morgen abgeschwollen war, wieder dick und leicht taub. Bei der ersten Rast packte ich den Fuß aus und entschied für mich, einfach eine Aspirin zu nehmen. Die brauchte zwar fast eine halbe Stunde bis sie wirkte, aber dann trat doch eine merkliche Linderung ein. Jetzt machte das Laufen Laune und Spaß. Die Kilometer purzelten nur so und nachdem ich eine kleine Anhöhe erklommen hatte sah ich in der Ferne so etwas wie ein Verkaufsstand auf freier Strecke. Und tatsächlich mit einem „All for free" und „das ist keine Fatamorgana" empfing mich ein spanischer Aussteiger, der hier am Wegesrand für Pilger gegen Spende Kaffee Saft und Obst anbot.

Das Geschäft schien gut zu gehen und gegen einen Kaffee zwischendurch hatte ich nichts einzuwenden. Mit einer Tasse des Gebräus setzte ich mich zu einer Gruppe Pilger, die hier schon bedient worden waren und Obst aßen oder etwas tranken. Hinter mir unterhielten sich zwei ältere Damen und eine Stimme mit polnischem Dialekt kam mir seltsam vertraut vor. Und tatsächlich da stand Anna aus Danzig die ich in Viana-Navarra kennengelernt hatte. Ich machte Tag für Tag eine Mördertour und Anna begrüßte mich mit den Worten „Ich dachte du bist schon viel weiter auf dem Weg"! Aber wie war das möglich? Dafür gab es eine einfache Erklärung von Anna. Nachdem Sie mit zwei Rucksäcken unterwegs war und einsah, dass der Weg mit einem derartigen überdurchschnittlichen Gewicht nicht zu schaffen sei, entschloss sie sich kurzerhand das Gepäck mit Taxi oder Bus vorauszuschicken. „Und wenn ich Lust habe", meinte Sie abschließend „fahre ich auch mal eine Tour mit dem Taxi". Ach so – ja, Anna hatte sich vorgenommen den Camino zu bezwingen – auf ihre eigene unkonventionelle Art und Weise und das war ihr Recht als Frau mit einundsiebzig Jahren und fünfundvierzig Kilo Lebendgewicht, - das war ihr Recht. Nach kurzem Aufenthalt verabschiedete ich mich bei dem geschäftstüchtigen Spanier mit einer Spende worauf sein „Thank´s for sharing live" eine sehr nachdenkliche Reaktion bei mir aufwarf. „Danke, dass du dein Leben mit mir teilst, dein Geld oder deinen Wohlstand", wie immer man das auch deuten oder übersetzten konnte es war ein sehr interessanter Aspekt.

Damit konnte man sich bis Astorga, meinem eigentlichen Ziel meiner heutigen Reise auseinandersetzen. Astorga lud durch seinen Flair eigentlich schon zum Übernachten ein, aber kaum saß ich noch voll bepackt vor der Herberge und schaute auf meine Uhr, wollte ich trotzdem den noch jungen Tag nicht hier beenden. Ein deutsches Pärchen schwärmte von der Herberge ob der Sauberkeit und Freundlichkeit, aber irgendetwas zog mich weiter. Als hätte ich geahnt, dass der Tag noch bereit war, Überraschungen preiszugeben. Also machte ich mich auf und beschloss sieben Kilometer weiter in Murias de Rechivaldo zu nächtigen. Nach zweiunddreißig Kilometern sich wieder aufzurappeln und nochmals sieben oder acht oben drauf zu packen war anfangs kein Problem, aber mit jedem Kilometer bereute ich, dass meine Erholungszeit für diesen Tag sich verkürzte. Die Beine taten plötzlich wieder weh und die Strecke zog sich wie Kaugummi, der zwischen den Zähnen klebt. In Murias fand ich die Herberge nur sehr schwer, eigentlich war ich schon wieder fast am Ortsende und wollte mich schon damit abfinden noch einen Ort weiterzugehen. Da tauchte auf der rechten Seite in Form eines alten Bauernhofs die Herberge auf, die in der Gesamtbetrachtung aller Herbergen die schönste war.

Das Gehöft war perfekt renoviert, der Schlafsaal für nur ca. dreißig Mann ausgelegt und es hatte einen wunderschönen Innenhof mit Waschgelegenheit. In einem alten Stadel-Tor war ein kleiner Ausschank installiert worden und so saß ich nach dem Wäschewaschen und Duschen mit einem großen Glas Bier am Samstagnachmittag in der Sonne und genoss jeden Schluck. Am Nachbartisch saß ein Rheinländer, ein ehemaliger Außendienstler, der sich in einer Sinnkrise befand, seine Frau ausgetauscht hatte und jetzt den Camino zum heilen seiner persönlichen seelischen Wunden ging. Gemeinsam verfolgten wir über Handy noch die Samstags-Fußballergebnisse. Ja genau, das war ein perfekter Tag für einen erschöpften Pilger, die Sonne schien und der Tag war schon bewältigt. Die restlichen zwanzig Pilger die sich an diesem Tag in diesem Etablissement eingefunden hatten, meldeten sich alle für die hausgemachte Paella an – ich sparte mal wieder. Der Hauswirt begann am Spätnachmittag im Freien in einer großen Pfanne seine Paella zu kochen und als ambitionierter Hobbykoch setzte ich mich in die Nähe und beobachtete seine Kochkünste. Hierbei lernte ich Birgit kennen, die zufällig am gleichen Tisch saß und ebenfalls dem Koch bei der Arbeit zusah. Sie war Geschäftsführerin in einer Druckerei, hatte aber gekündigt und wenn ich alles richtig verstanden hatte, verwendete Sie den Camino als Übergangszeit und um sich neu zu orientieren. Wir sprachen so über dies und das und als alle zum Abendessen in den Speisesaal gingen, setzte ich mich auf eine lange alte Holzbank und genoss die letzten Sonnenstrahlen.

Natürlich war es ein großer Fehler die handgemachte Paella zu verschmähen, aber was soll´s. Nach geraumer Zeit tauchten die Ersten Pilger wieder nach dem Abendessen im Innenhof auf, unter ihnen auch Wolfram, der Außendienstler und Birgit, die mit einer Flasche Wein bewaffnet sich zu mir auf meine Holzbank setzten und mich zu der selbigen einluden. „Bei der Paella hast du was verpasst", meinte Birgit – ja klar das hatte ich auch schon gemerkt, aber Fehler sind dazu da um gemacht zu werden. Im weiteren Verlauf des Abends hatten wir noch eine gute Unterhaltung und die eine Flasche wollte nicht so recht reichen. Erst als es draußen dämmerte zogen wir uns ins Schlafgemach zurück.

Siebzehnter Tag

12. Mai. Murias de Rechivaldo nach El Acebo

Die Weisheit eines Menschen misst man nicht nach seinen Erfahrungen, sondern nach seiner Fähigkeit, Erfahrungen zu machen.
George Bernard Shaw

Mitunter war es am Morgen schon mal kalt, aber an diesem war es bitter kalt. Schon in der Nacht im Schlafsaal war die morgendliche Kälte unangenehm aufgefallen, denn selbst im Schlafsack wollte es nicht so recht warm werden. Das merkte ich schnell, da ich in den meisten Nächten nicht im Schlafsack lag sondern mich nur mit dem selbigen zudeckte. Der Milchkaffe und der Toast machte aber die Lebensgeister wieder mobil. Mein linker Fuß war jetzt schon am Morgen geschwollen. Die am Vorabend angewendete Voltaren-Kur hatte heute nicht gewirkt. Ich versuchte den Schuh an diesem Fuß nur geringfügig fest zu binden.

Beim Losgehen wollte nichts zusammenspielen – erst dreihundert Meter später hatte sich mein Bewegungsapparat an die vergangenen vierzehn Tage erinnert und langsam kam Fahrt in die Geschichte. Wiederum war ich um meine Wollmütze und meine Wollhandschuhe froh, die die grimmigste Kälte abhielten und mich in diesem klaren kalten Morgen wärmten. Die Strecke nach Murias war erst flach und schlängelte sich dann durch einen Wald langsam auf und nieder. Nach einer Wegbiegung traf ich Birgit wieder, die vor mir losgegangen war und jetzt auf einem Rastplatz kurz ausruhte und sich die Schuhe band. Gemeinsam gingen wir einige Kilometer, unterhielten uns und trennten uns wieder, weil Birgit an diesem Tag mein Tempo nicht gehen wollte. Bei verschiedenen Raststellen versuchte ich geringfügig den linken Schuh fester zu binden, da ich Bedenken hatte mein Fuß könnte wegknicken. Aber jedes bisschen fester binden führte dazu, dass er immer mehr taub wurde. Und ausgerechnet heute stand der Aufstieg über Rabanal zum Ferro Cruz bevor.

In einem kleineren Bergdörfchen gönnte ich mir noch einen zweiten Kaffee und Toast. Die Kälte hatte mir zugesetzt und der Kaffee wärmte wunderbar. An der Wand der Bar hingen Pilgerstäbe in allen Formen und Größen, deshalb entschloss ich ein letztes Mal es mit einem zu versuchen. Das Model „heiliger Petrus" mit gebogenem Stabende hatte es mir angetan, also erwarb ich den selbigen für drei Euro. Vor dem loswandern wollte ich noch die Toilette benutzen, das war immer wichtig bei längeren Touren. Obgleich ich Toilettenpapier dabei hatte war ich nicht scharf auf eine Sitzung im Freien. Kaum war ich in dem Häuschen drin stellte ich sofort fest, dass Papier fehlt, doch bevor ich lange reklamieren konnte brachte mir der Wirt schon eine Rolle, versicherte sich aber bei mir, den Rest nach Gebrauch wieder bei Ihm abzugeben. Sicher hatte hier schon so mancher Pilger sich mit Klopapier eingedeckt und der Wirt konnte mit dem Nachfüllen nicht mehr Schritt halten. Die letzten zehn Kilometer vor der Bergspitze zog der Himmel zu und Nebel hüllte die Landschaft gespenstisch ein. Immer wieder zogen Nebelschleier durch die Baumwipfel und keinerlei Pilger waren zu sehen. Der erste Gedanke war natürlich immer – bin ich noch auf dem richtigen Weg, hab ich eine Abzweigung oder Weggabelung verpasst?

Der Aufstieg wurde zunehmend steiler und der Weg war eher mit einer Muräne zu vergleichen – also ein Bachbett gefüllt mit Geröll und Schutt. Dieser Art von Weg war enorm schwer zu gehen, da nicht nur die Anstrengung ein Thema war, sondern auch die Sicherheit. Jeder Fehltritt konnte das Ende bedeuten. Und immer wieder rutschte man trotz größter Sorgfalt aus oder knickte um, und dann kam es immer auf den folgenden Moment an – setzen Schmerzen ein oder war alles noch mal gut gegangen. Ich hatte Glück und manchmal war mir nicht ganz klar ob mich der Aufstieg mehr anstrengte oder die Konzentration bezüglich eines Fehltrittes. Ferro Cruz der uralte Pilgerhaltepunkt mit römischen Wurzeln war erst ganz kurz vorher zu sehen und ich befürchtete schon, dass im Nebel jegliche Fernsicht einfach weg sein würde. Jedoch hundert Meter vor dem Ziel riss der Himmel auf und strahlender Sonnenschein durchflutete die Bergspitze rund um Ferro Cruz. Hier war der Punkt, an dem der mitgebrachte Stein von zu Hause niedergelegt wurde und nach der Größe des Steinhaufens zu urteilen waren hier schon Millionen Pilger mit dem gleichen Ansinnen.

Es war ein sehr bewegender Moment und die Pilger, die in Gruppen unterwegs waren lagen sich in den Armen und Tränen flossen. Ich war allein, und setzte mich einige Meter entfernt vom Kreuz in eine Wiese und genoss den Augenblick indem ich die Pilger beobachtete, die gerade mit mehr oder weniger Andacht ihren Stein ablegten. Ich nutzte den Augenblick als der Steinhügel ganz menschenleer war, machte mich auf und legte meinen weisen Kieselstein mit dem auswendig gelernten Pilgergebet ab.

„Herr, möge dieser Stein, Symbol meiner Mühen auf der Pilgerschaft, den ich zu Füßen des Erlöser-Kreuzes niederlege, dereinst, wenn über die Taten meines Lebens gerichtet wird, die Waagschale zugunsten meiner guten Taten senken. So möge es sein."

Danach ging ich wieder auf meinen Sitzplatz auf der Wiese zurück zu meinem Rucksack, trank einen Schluck und beobachtete die eintreffenden Wanderer bei ihrem tun. Eine Frau, sie saß nicht weit von mir, hatte sich kurz nach mir ins Gras niedergelassen und hörte seitdem nicht auf zu weinen. Plötzlich erhob sie sich, bewegte sich bis an den Rand des Hügels, sank auf die Knie und bewegte sich so ein Drittel den Steinhaufen hinauf. Dort hielt sie inne und packte eine Tüte aus ihrer Regenjacke. Sie öffnete dieselbe und holte mit den Händen den Inhalt heraus und begann ihn vor sich auf die Steine zu streuen. Nach kurzem Überlegen war mir klar, dass hier ein naher Verwandter oder bekannter in Form von Asche niedergelegt wurde. Die Prozedur dauerte sicher über zehn Minuten und nach dessen Beendigung stand sie auf und setzte sich wieder schluchzend auf ihren Platz auf der Wiese und faltete die Hände und verharrte so lange Zeit im Gebet versunken.

Kurze Zeit später fuhr ein Wagen mit deutschen Kennzeichen vor, aus dem zwei ältere Frauen und ein Mann ausstiegen. Die Frauen erklommen mit vorsichtigen Schritten den Hügel während der Mann abwartend und gelangweilt bei seinem Auto verharrte. Vor dem Kreuz blieben beide stehen und betrachteten die vielen angebrachten Zettel, Tücher und sonstige Gegenstände die tausende von Pilger hier abgelegt hatten. Plötzlich rief eine der beiden, vermutlichen ihrem Mann zu: „Wilhelm komm hier rauf, das musst du dir anschauen was da steht!" „Ne ich komm nicht", lies er von unten verlauten. „Aber du musst unbedingt kommen, hier steht was in Deutsch!" Und gleichzeitig fing sie an das Pilgergebet zu zitieren, das auf irgendeinem angehefteten Zettel am Ferro Cruz haftete. „Herr, möge dieser Stein, Symbol….." „Also Wilhelm komm jetzt sofort rauf, schau dir das an", erging jetzt die Aufforderung wesentlich eindringlicher an ihren Mann. „Ne, ich mag nicht", versuchte er abzuwehren. „Du kommst jetzt sofort und schaust dir das an, jetzt sind wir da – nachher nicht mehr!" Hoppla dachte ich, das erinnert mich jetzt doch sehr stark an „Schnabbel" aus dem Kerkeling Buch. In dem

Moment hoffte ich auch, dass mich niemand hier als Deutscher identifizieren konnte, unter keinen Umständen wollte ich hier zu dem gleichen Volksstamm gezählt werden wie die Drei. Wilhelm machte sich etwas missmutig auf und erklomm den Steinhügel um sich von seiner Frau die Pilgergegenstände erklären zu lassen. Immer wieder hörte man die Frau mit ihrer lauten und nasalen Stimme: „Schau Wilhelm, hier wieder was in Deutsch …" und immer wieder wurde es von ihr lautstark zitiert. Die andere Dame war wohl eine nahe Verwandte und vermutlich geistig Behindert. Sie wurde von der anderen Dame immer hinterhergezogen und genauso schulmeisterlich Belehrt wie der arme Wilhelm. Von der Ferne sah die Szene genauso skurril wie belustigend aus, und irgendwie konnte ich nicht glauben, dass ich das alles hier erlebe. Eine Komödie in mehreren Akten und das für lau. Doch die Steigerung setzte ein als die behinderte Dame sich plötzlich selbstständig machte und alleine die verschiedenen Steine auf dem Hügel kontrollierte und wild von einer zur anderen Stelle stampfte. Das passte Wilhelms' Frau gar nicht und mit ihrer einmaligen und lauten Stimme die einen gewissen Wiedererkennungswert hatte wurde die Andere zurechtgewiesen. „Mali", so ihr Name „Du kommst sofort wieder her zu mir an meinen Arm." „Stell dir vor du fällst hin, dann helfe ich dir nicht mehr auf, nein diesmal helfe ich dir bestimmt nicht." „Mali, so hör doch, du sollst gehorchen." Mali scherte sich nicht sonderlich um die Drohungen wurde aber schlussendlich eingefangen und wieder zum Eichenstamm des Ferro Cruz geschleppt. Zu allem Unglück wurde jetzt auch noch ein Deutscher Liedtext entdeckt und entsprechend meiner Befürchtung fing die gute Frau jetzt auch noch zu singen an. „Mali, du kennst doch das Lied?", nach dieser Frage fing sie an einige Brocken zu singen, um dann wieder bestätigungssüchtig zu fragen „Aber jetzt kennst du es oder Mali"? „Und bis wir uns wiedersehen, halte Gott dich fest in seiner Hand…" fing sie immer wieder an und je öfter sie mit dem Singen begann, desto schlechter traf sie die Originalmelodie. In diesem Stadium stand ich dann auf, packte meinen Rucksack und meine Jacke und entschloss mich weiterzugehen. Das ganze Spektakel hatte vielleicht fünfzehn Minuten gedauert, aber das reichte mir auch, obwohl ich hier eigentlich noch was essen wollte.

Der Weg begann erst geteert und gepflastert abwärts zu gehen und schließlich endete er wieder in einer enorm schlechten Geröllweg, der seinesgleichen suchte. Vor dem Übernachtungsziel schaute ich nochmals auf die Karte, die mir versprach, dass nach sieben Kilometer eine Pilgerherberge in den Bergen, gutes Essen und viel Zeit zum Ausruhen kommen sollte. Diese sieben Kilometer waren vermutlich durch das ständig abfallende Gelände gefühlte zehn. Immer wieder saßen am Wegrand Pilger, die mit dem Kopf schüttelten und einfach nicht mehr weiterkonnten, da der Abstieg dermaßen lang und anstrengend war. Für mich persönlich gehörte diese Etappe zu meinen „Top five", der schwierigsten Etappen.

El Acebo stellte sich als wunderschönes Bergdorf mit klassischen Steinbauten heraus. Die Herberge war schnell gefunden und auch mein Bett. Der Schlafsaal wurde von Italienischen Pilgern dominiert darunter war eine zweiundachtzig jährige Frau die den Weg zum sechsten Mal absolvierte. Diese sechste Tour, so meinte sie, sei aber auch ihre letzte, weil die Anstrengungen mit den Jahren doch zu groß geworden waren. Ja – das kenn ich, aber schon mit siebenundvierzig reichte es mir. Die Herberge hatte eine schöne Kneipe mit der Möglichkeit zum Essen, deshalb entschloss ich mich für den Abend vorzubestellen. Im oberen Stock gab es eine Dachterrasse auf der sich viele Pilger aufhielten und ihre Tagebücher schrieben oder die Füße pflegten. Ich setzte mich an einen freien Tisch und machte Brotzeit mit den Resten der vergangenen Tage.

Das Tagebuch musste auch wieder auf Stand gebracht werden und so ging die Zeit wie im Flug vorbei. Mein Texaner Martin betrat ebenfalls die Dachterrasse und beide beschlossen wir das Dörfchen ein wenig zu erkunden. Mein erster Eindruck wurde durch den Spaziergang bestätigt. Die Gebäude waren alle herrlich hergerichtet, hinter dem Dorf ging es schroff bergab von wo aus man eine grandiose Fernsicht hatte. Die Hauptstraße hatte ein Ambiente welches brauchbar für jeden

Ritterfilm war – einfach ein schöner Platz, fast einer der schönsten auf dem Camino. Zur Abendzeit betraten wir gemeinsam den Speisesaal. Ich wollte eigentlich das Standard Pilgermenü. Martin hatte noch keine Paella gegessen und da es Paella nur für zwei Personen gab, tat ich ihm den Gefallen und bestellte auch Paella mit. Die war ganz ordentlich nur waren für eine Bergregion zu viele Meeresfrüchte enthalten.

Während wir schon aßen füllten sich die Nachbartische mit Pilgern und heute kam mir das alles wie ein Klassentreffen vor. An einem angrenzenden Tisch setzten sich plötzlich Birgit und Frank der Schotte wie selbstverständlich und schmunzelnd mit den Worten: "Wir haben dich schon längst gesehen." Martin zog sich nach dem Essen schnell zum Schlafen zurück und wir „alten Bekannten" mussten einfach noch geraume Zeit miteinander Erfahrungen und Erlebnisse vom Weg austauschen. Die Unterhaltung wurde fairer weise auf Englisch ausgeführt, da Frank kein Wort deutsch sprach oder verstand. Wir Drei hatten uns gesucht und gefunden wobei jeder wusste dass schon heute vielleicht schon das letzte Treffen hier sein konnte – aber so sollte es nicht sein. Ich ging erst spät ins Bett schon aus dem Grund weil ich eh nicht schlafen konnte. Aber irgendwann war ich dann doch weg und verbrachte wie so oft eine kurze und unruhige Nacht.

Achtzehnter Tag

13. Mai. El Acebo nach Cacabelos

Das schönste Geschenk im Leben... sind Freunde, mit denen du
Glück und Kummer teilen kannst, denn dadurch halbiert sich der
Kummer und das Glück verdoppelt sich.
Jochen Mariss

Vor dem heutigen Tag hatte ich schon ein wenig Bedenken, da ich wusste, dass der Pfad wieder, laut Reiseführer, ewig bergab gehen sollte. Gleich nach El Acebo holte ich schon nach vierhundert Metern Frank ein. Wir beschlossen gemeinsam zu gehen und erst jetzt fiel Frank mein neuer Wanderstab auf. Er ging prinzipiell ohne. Jedoch bei den Abwärtstouren entpuppte sich so ein Stab als wahres Wunderwerk mit dem herrlich gebremst und das Gleichgewicht gehalten werden konnte. Auch mussten wir noch über unsere erste Begegnung lachen, an der ich seine aufgenähte Landesfahne am Rucksack als Norwegisch identifizierte.

Wir wanderten die schroff abfallenden Berg- und Geröllwege entlang und hatten eine wunderbare Aus- und Fernsicht, die wir hin und wieder für Minuten genossen. Das ständige abwärts Gehen strengte schon in den ersten beiden Stunden dermaßen an, dass wir uns entschieden in einem kleinen Dörfchen eine Kaffeepause einzulegen. Kaum saßen wir da marschierte über die Brücke am Dorfeingang Birgit einher. Birgit war mit Anneliese aus dem Allgäu unterwegs, die sie Tage vorher schon kennengelernt hatte. Zu viert machten wir eine angenehme und lange

Kaffeepause wobei Birgit auf eine kalorienreiche Beilage nicht verzichten wollte. „Hier kann ich endlich essen was ich will und es klebt mir nicht sofort auf den Hüften", war ihre Ansprache zu unseren vorwurfsvollen Blicken. In einem kleinen Laden deckten wir uns noch mit Proviant für den Tagesbedarf ein und wanderten dann zu viert weiter. In einer so großen Gruppe war ich noch nie gelaufen. Nachdem mit jedem einzelnen Gesprächsthemen zu finden waren empfand ich es trotzdem als absolut angenehm.

Mir war bewusst, dass ich niemals bis zum Ende der Reise zu viert laufen wollte, aber heute passte es. Obwohl sich die Reise schon bedächtig dem Ende zuwandte empfand ich es noch nicht so nahe wie es eigentlich war. Niemals betrachtete ich den Camino als Ganzes, denn jeder Tag hatte seine eigenen Herausforderungen und Charme, seine eigenen Gesetze und Erlebnisse. Der Tag musste erst gemeistert werden und reihte sich dann in die Perlenkette „Camino" ein. Der dreizehnte Mai war einer jener seltenen, ganz heißen Tage, an denen Wasser unbedingt wichtig war. Bei einer kleinen Rast, an der die Wasserflaschen an einem Dorfbrunnen gefüllt wurden trafen wir einen Australier. Seine Mission bestand darin, so erklärte er uns, in drei Tagen einhundertfünfzig Kilometer zu gehen mit nur jeweils einer Flasche Rotwein und einem Baguette. Wir nahmen das erstaunt zur Kenntnis und witziger weise hörten wir von verschiedenen Pilgern, die ihn wohl auch getroffen hatten, die die Aussage bestätigten und wissen wollten, dass der verrückte Kerl das auch geschafft hatte – die spinnen die Australier.

Es war ein wirklich schöner und heißer Tag. Durch die kleine Gruppe und die daraus resultierenden Gespräche verging die Zeit wie im Flug. Bei einer kleinen Rast in einem Straßencafé lernten wir einen Berliner kennen. Christian, so sein Name versuchte den Camino erst mal mit einer Teiletappe bis Santiago de Compostela kennen zu lernen. Seine Devise war: Erst mal einen Teil austesten um dann vielleicht mal das ganze Paket bewältigen. Birgit, die den Tag für sich immer genau vorausplante, hatte für uns drei eine Herberge aus ihrem Reiseführer herausgesucht, die „heimische Atmosphäre und vegetarisches Essen" versprach.

Frank und mir war es egal und vielleicht sogar recht, da wir eher die Übernachtung dem Zufall und der körperlichen Verfassung überließen. Drei Kilometer vor unserer geplanten Herberge konnte nur noch ein von Frank spendiertes Wassereis uns nochmals motivieren, sonst hätten wir sicher hier Übernachtet. Die letzten Kilometer zogen sich über eine Straße mit unangenehmer Steigung bis die Herberge auf der rechten Seite fast unscheinbar auftauchte. Von außen machte sie eher einen bescheidenen Eindruck jedoch waren die inneren Werte bemerkenswert. Acht-Mann-Zimmer, perfekte Badezimmer und einen familiären Speisesaal. Wir machten uns frisch und tranken im Freien ein schönes kühles Bier. Im Zimmer trafen auch noch Christian aus Berlin und zwei weitere Berliner, eine Mutter mit Sohn, ein. Es entstand eine rege Unterhaltung bezüglich der Heimfahrt nach dem Camino. Die meisten wollten heim fliegen und hatten ihre Flüge schon reservieren lassen. Ich war da ja fein raus, denn ich profitierte von einer gewonnen Wette. Das wollten die Anderen dann doch genauer wissen, und so berichtete ich die ganze Geschichte: Vor drei Jahren saßen wir bei einem Geburtstag mit Bekannten zusammen.

Da erzählte ich zum ersten Mal von meinem Traum, einmal den Jakobsweg zu gehen. Ein Bekannter meinte damals dann nur lapidar: „Also wenn du das machst, hole ich dich persönlich mit dem Auto ab!" Als es dann ernst wurde mit meiner Abreise, kam eben jener Bekannte noch mal vorbei, erkundigte sich über den ungefähren Ablauf und über die Zeitschiene und bekräftigte sein versprechen. Das ganze Zimmer war still geworden und hörte meinen Ausführungen zu. Alle waren begeistert, denn so komfortabel wurde keiner auch nur im Entferntesten abgeholt. Einige Verwunderung verursachte auch die Tatsache, dass der Pilger aus Deutschland – Bayern bereits Großvater war und einen Enkel mit sechs Monaten besaß. Das hatte hinter mir wohl keiner gesucht.

Der Abend verging und endlich wurden wir zu unserem vegetarischen Abendessen gerufen. Die deutsche Clique und Frank aus Schottland setzten sich zusammen an einen Tisch. Lustiger weise gesellte sich noch ein spanischer Schäfer mit seiner viel jüngeren

Freundin zu uns. Mit den Beiden hatten wir noch enorm Spaß, da niemand so richtig spanisch sprach und der Spanier und seine Freundin kein Englisch beherrschten. Mit viel Improvisation erfuhren wir, dass er immerhin sechshundert Schafe besaß und den Weg mit seiner Freundin machte um auszuspannen und mal alleine zu sein.

Das Essen war wirklich lecker, wenngleich ich auch nicht in letzter Konsequenz wusste was ich da aß, aber es war lecker – wie immer nach einem Tag anstrengender Wanderung. Im Laufe des Abends wurde viel erzählt, geplaudert und gelacht und fast schien es, dass man sich schon sehr lange kannte. Der Camino hatte es so an sich, dass jeder Pilger viel mehr von sich preisgab, als er im normalen Leben vielleicht sogar mit Freunden geteilt hätte. Eine anfängliche Antipathie, wie ich es aus dem Privatleben kannte, die sich durch gegenteiliges Verhalten oder Kennenlernen ändern kann, entstand eigentlich nie. Der Weg stimmte schon die meisten Menschen harmonisch, und je näher das Ziel kam, desto zufriedener und ausgeglichener wurden sie. Gegen später wurde noch eine Gitarre entdeckt und zur Freude des Wirtes, der solche Pilgerabende mit Musikern liebte, durfte ich die Anwesenden unterhalten.

Genialer weise saß einen Tisch weiter eine Amerikanische Gruppe mit einigen Italienern und einer dieser Italiener stellte sich als begnadeter Congas-Spieler heraus, der seine

Kunst in Indien erlernt hatte. Gemeinsam mit ihm machte das Spielen doppelt so viel Spaß. Schnell bemerkte der kahlköpfige Italiener, dass ich wohl schon professionell Musik gemacht hatte und fügte schmunzelnd hinzu, dass die Finger eines Musikers die geleistete Arbeit nie vergessen werden. Für mich war es der schönste Abend auf dem Camino – kein Wunder dass wir erst spät in die Falle kamen. Das war nicht zuletzt die Schuld des Wirtes, der immer wieder eine neue Flasche Rotwein kredenzte und sich an der guten Stimmung fast mehr freute als seine Gäste.

Neunzehnter Tag

14. Mai. Cacabelos nach La Laguna de Castilla

Nicht das Beginnen wird belohnt, sondern einzig und allein das Durchhalten.
Katharina von Siena, italienische Mystikerin

Laut Reiseführer war die Tagesetappe die letzte flache Streckenführung vor dem großen Gebirge vor Santiago. Allein der Gedanke ließ mich erschaudern — wieder steile Aufstiege, vielleicht Schnee und schlechte Bergpfade. In der Früh standen wir alle gemeinsam auf und Frühstückten um halb acht Uhr. Diese Tatsache führte beinahe dazu, das Frühstück ausfallen zu lassen, da wir um sieben Uhr loswandern wollten. Aber der heiße Kaffee und der geröstete Toast überzeugte uns zu warten. Um acht Uhr ging`s dann wieder auf die Straße. Birgit hatte sich für diesen Tag zweiundzwanzig Kilometer vorgenommen. Das entsprach nicht meinen Vorstellungen.

In La Faba gab es eine „schwäbische Herberge, die Pilger, welche ein Gedicht oder ein schwäbisches Volkslied vortragen konnten, kostenfrei aufnahmen. Die Strecke entsprach ungefähr vierunddreißig Kilometer und war genau nach meinem Geschmack. Nach dem gemeinsamen Start verlor sich die Gruppe vom Vortag schnell aus den Augen und plötzlich war ich wieder alleine mit mir auf der Straße. Die Kilometer purzelten bis ich nach vielleicht drei Stunden von einer zur anderen Sekunde enorme Schmerzen in den rechten Fuß bekam. Selbst nach einer kurzen Pause war es nicht merklich besser und teilweise konnte ich mich nur humpelnd weiterbewegen. In der Ferne sah ich schon das Gebirge mit dem verschneiten Bergrücken näher kommen – und es kam furchtbar schnell näher. Nur wie sollte ich mit den Schmerzen einen Aufstieg schaffen? Nach der gestrigen Gruppenwanderung war es ein wenig seltsam alleine zu gehen. Die intensiven Gespräche wurden durch eigene Gedanken ersetzt und bald war ich wieder in meinem Pilger-Rhythmus – in meiner eigenen Gedanken- und Gefühlswelt.

An einer kleinen Brücke eines Gebirgsbaches hatte ich eine seltsame Begegnung. Direkt auf der Brücke verweilte ein Radfahrer mit einem uralten Fahrrad, ganz anders als die modernen Mountain-Bikes, die die Rad-Pilger benutzten. Der Fahrer selber hatte lange zottelige Haare und war nur mit einer Umhänge-Stofftasche ausgerüstet. Es gab keinen Rucksack, keine Funktionswäsche, sondern nur eine alte zerschlissene Cordhose und ein kariertes Hemd. So saß er, sich mit einem Fuß abstützend, auf seinem Vehikel. Als ich in seine Nähe kam redete er noch auf italienischeinige Worte in Richtung des Baches, schob sein Fahrrad wieder an und weg war er. Er vermittelte nicht unbedingt ein Gefühl des Vertrauens. Wiederum schien er auch nicht gefährlich zu sein, aber es gab nun mal keine Vorschriften für Aussehen und Ausrüstung eines Pilgers. An diesem Tag sah ich auch das erste Mal Pilger mit einem Lastenvehikel, welches anstatt eines Rucksackes hinter her gezogen wurde. Ob das nun bequemer oder besser als Tragen war, konnte ich nicht in Erfahrung bringen. Gegen Mittag war ich am Fuß der Berge angekommen und überlegte mir, ob es Sinn machte mit dem schmerzenden Fuß noch einen Teilaufstieg zu wagen. An einer kleinen Quelle, an der ich auch meine Wasserflasche auffüllte, rastete ich kurz und kam mit einem Kanadier ins Gespräch, der die bevorstehende Steigung als „nicht ohne" betitelte. Ja, der machte mir nicht viel Mut aber die sechs Kilometer bis La Faba wollte ich unbedingt schaffen.

Mein Entschluss stand fest und über ein schnell ansteigendes Gelände, welches erst noch Alpenländischen Charakter hatte, folgten schnell bewaldete Geröllwege, die wie Serpentinen den Berg entlang steil nach oben führten.

Immer wieder musste ich anhalten um zu verschnaufen, aber meine Kondition hatte im Laufe der letzten zwei Wochen anscheinend erheblich zugenommen. Immer wieder setzte ich mir besonders markante Punkte zum Ziel, an denen ich dann eine ganz kurze Verweilzeit einlegte um den langen Weg zu stückeln. La Faba tauchte wie aus dem Nichts auf. Ein schmaler Fußweg führte zum Ortseingang. Einige Pilger die ich dort gerade traf, wollten nicht in La Faba übernachten, sondern auf der Bergspitze, aber das schaffte ich definitiv nicht mehr. Das ärgerte mich auch, aber irgendwann fiel mir ein, dass ich vergessen hatte zu fragen, von wo aus sie an diesem Tag gestartet waren. Im Örtchen, vielmehr war La Faba nicht, suchte ich die Herberge.

Die gelben Pfeile des Camino waren nicht zu sehen deshalb tastete ich mich intuitiv nach oben durch. Aber am Ende des Dorfes hatte ich immer noch keine Herberge gefunden. Ein einheimischer Spanier, den ich nach der „Albergue" fragte, antwortete mir in perfektem, mir nicht verständlichen spanisch, drei Minuten lang. Was ich seiner Gestik und Erklärungskunst entnehmen konnte war, dass ich die Herberge verpasst hatte (Ja - war mir klar) und das es cleverer wäre in den nächsten Ort zu gehen, der nur zwei Kilometer entfernt war.

Der Weg zurück wäre wohl auch so weit entfernt! Ich war ein wenig verdutzt, bedankte mich und entschloss mich doch noch weiterzugehen obwohl eigentlich die schwäbische Herberge mein Ziel sein sollte. Nur - zurückgehen, das wiederstrebte mir, das hatte ich noch nie gemacht. Die Aus- und Weitsicht die nach La Faba auf mich zukam entschädigte die Mühe der weiteren Kilometer. Vor mir tat sich eine herrliche Berglandschaft auf mit kilometerweitem Rundblick, grandiose Täler und „eingezuckerte" Bergspitzen. Um alles in Ruhe zu genießen setzte ich mich sogar mal eine viertel Stunde um Pause zu machen.

La Laguna de Castilla war dann mein heutiges Übernachtungsziel. Die Dorfwirtschaft lag direkt an der Durchgangsstraße. Mit einem großen Schlafsaal hatte sich der Wirt auf die Pilger perfekt eingestellt. Vor dem Abendessen setzte ich mich mit meinem Tagebuch ins Freie und bestellte eine Cola - eiskalt. Der Ort war wirklich idyllisch und authentisch, was dem Wirt nicht so recht gefiel, denn eben trieb ein Bauer seine Kühe am Wirtshaus vorbei, die sich nicht scheuten auch mal was fallen zu lassen – zur Freude der im freien sitzenden Pilger. Der dicke Wirt kam sogleich laut zeternd aus dem Wirtsraum heraus, was jedoch den Bauern wiederum nicht wirklich interessierte. Warmes Essen gab es im Gästeraum, frisch gekocht von der Wirtin. Bohnensuppe mit Speck und Lamm standen an diesem Tag auf der Speisekarte. Am Nachbartisch saßen zwei Dänen, mit denen ein Gespräch entstand, da einer der Beiden, der übrigens auch mein Bettnachbar war, fast perfekt deutsch sprach. Ja, die Dänen waren sehr nett, und so entstand eine längere Unterhaltung in Deutsch, Dänisch und Englisch.

An einem weiter entfernten Tisch hatten sich ebenfalls zwei Bekannte eingefunden. Wir hatten zwar noch nie miteinander gesprochen, aber waren uns auf dem Weg schon einige Male begegnet. Bei einer späteren Begegnung erfuhr ich dass sie, es handelte sich um zwei Mädels, aus Rosenheim stammten. Nach der anstrengenden Bergtour ging ich auch schon früh ins Bett, pflegte meine Füße mit Creme und Voltaren und legte mich sehr früh schlafen. Morgen sollte der Rest der Bergtour absolviert werden.

Zwanzigster Tag

15. Mai. La Laguna de Castilla nach Samos

Der höchste Lohn für unsere Bemühungen ist nicht das, was wir
dafür bekommen, sondern das, was wir dadurch werden.
John Ruskin, englischer Maler und Kunsthistoriker

Der Morgen war kalt und neblig, kein Wunder ich befand mich ja mitten im Gebirge. Je höher ich aufstieg, desto kälter und zugiger wurde es. Wollmütze und Handschuhe waren wieder einmal Pflicht. Der Pfad schlängelte sich behutsam den Berg entlang und es kam mir heute gar nicht so steil vor. Nach vielleicht einer Stunde war auf dem Weg ein kleines Kreuz mit einem Bild und einem Nachruf einer hier verstorbenen Frau. Das passte astrein zu der Szenerie hier, fast schon ein wenig unheimlich. Naja die Frau war hier gestorben aber anscheinend durch einen Herzinfarkt und nicht durch Absturz auf dem enorm schmalen und gefährlichen Pfad.

Auf dem höchsten Punkt des Gebirges war das Dorf, welches sich viele Pilger gestern zum Tagesziel gemacht hatten. Auf einmal war es da, erst verhüllt in Nebelschleier, dann erschien es schemenhaft. Die Straßen waren in der Frühe menschenleer und jetzt fing es auch noch zu regnen an. Ich suchte ein Cafe´ und lies mir Kaffee und Toast schmecken. Das Lokal war bis auf den letzten Platz gefüllt und so setzte ich mich an die Theke um zu frühstücken. Durch den jetzt stärker einsetzenden Regen betraten immer mehr Pilger das Etablissement und warteten geduldig bis wieder ein Platz frei wurde. Also beeilte ich mich um einem anderen Pilger auch die Möglichkeit zu schaffen, etwas Warmes in den Magen zu bekommen. Eingehüllt in Regenjacke und Regencape mit meinen unverzichtbaren Wäscheklammern ging ich etwas widerwillig in den Regen hinaus und wieder auf meinen Weg. Und dann passierte das, was sich kein Pilger wünscht und immer hofft davor verschont zu bleiben. Auf dem Weg bergab fand ich mich plötzlich auf der Hauptstraße ohne irgendwelche Richtungspfeile oder Jakobsmuscheln. In der Überzeugung auf dem richtigen Weg zu sein wanderte ich so drei Kilometer auf der Asphaltstraße entlang.

Je weiter ich ging desto unbehaglicher und unruhiger wurde ich. Zuletzt war ich einfach, ohne es zu wissen, hundertprozentig überzeugt auf dem falschen Weg zu sein. Also drehte ich um, ging den Weg zurück in das letzte Dorf bis zu den letzten, mir in Erinnerung gebliebenen Wegmarkierungen. Und tatsächlich – an einer Gabelung hatte ich den am Boden befindlichen Pfeil wohl falsch interpretiert. Statt kurz bergauf und dann durch den Wald zu gehen war ich auf die Hauptstraße abgebogen. Dies korrigierte ich jetzt und war in kürzester Zeit wieder mit meinem Weg zufrieden und mit den Wegmarkierungen vertraut. Der Regen ging jetzt auf der anderen Seite des Berges in Schnee über und so stapfte ich plötzlich auf einem Kiesweg im Neuschnee. Zwar waren es nur wenige Zentimeter, aber es war Schnee. Im folgenden

Abstieg war mir mein neu erworbener Wanderstab ein treuer Helfer und zum abwärts gehen noch wichtiger als für Wege nach oben. So sehr ich seit den Pyrenäen die Aufstiege fürchtete die Abstiege waren immer schlimmer. Nach zwei Stunden ließ der Schneefall nach und das Wetter wurde freundlicher, aber die Schmerzen in den Waden und Oberschenkeln nahmen kontinuierlich zu. Bei einer kleinen „Ein-Minuten-Rast" im Stehen, reichte mir ein vorbeigehender Pilger einen Schokoladenriegel mit den Worten „it´s good for you!" Völlig perplex griff ich nach dem Riegel, bedankte mich artig und freute mich auch, dass ich diese Hilfe unter den Pilgern immer wieder antreffen durfte. Allmählich begann das Gelände flacher zu werden.

Es ging vorbei an einer grandiosen voralpenähnlichen Landschaft mit Kuhweiden und romantischen Dörfern. Das Wandern strengte nicht mehr so sehr an und ich traf ungewöhnlich viele Pilger. Immer wieder war an den Wegen Gatter, die dazu dienten den Kühen auf den Weiden beim aufwärtstreiben den Weg zu versperren bzw. den richtigen Weg zu weisen. Überraschend war auch, wie viele Pilger noch nie Kontakt mit Kühen hatten, was sich in einer vorsichtigen Umgangsart, die bis zur panischen Angst reichte, ausdrückte. Für mich war das eher kein Problem, da ich landwirtschaftliche Wurzeln habe. Für mich war vielmehr interessant, in welcher Kargheit und Einfachheit sich die zahlreichen Bergdörfer darstellten. Die typischen spanischen Steinbauten waren zwar wunderschön, aber sicher kratzten hier viele am Existenzminimum, und ohne das Pilgergeschäft wäre die Stadtflucht vermutlich noch größer als sie eh schon war.

Das Hauptziel dieses Tages war schon nach zweiundzwanzig Kilometern erreicht und so standen bereits um dreizehn Uhr Pilgerschlangen vor den Herbergen, die erst um vierzehn Uhr öffneten. Mein Tagesziel war jedoch noch einige Kilometer weiter, und so machte ich hier nicht mal Halt, sondern wanderte ohne Pause durch den Ort und dann eine ganze Strecke auf der geteerten Hauptstraße entlang. Hier mussten die Pilger schon vorsichtig gehen, da die Autofahrer keine Rücksicht auf die Pilgerflut nahmen. Angenehm war die Tatsache, dass der Pilgerstrom abrupt abgebrochen war und ich wieder mit mir allein auf der Straße war. Nur einmal überholte ich ein schwedisches Pärchen, welches ich später wieder traf.

Nach einer geraumen Zeit verließ ich die Straße und wanderte entlang eines Waldes, der immer dichter und dunkler wurde. Gelegentlich ging ein kurzer Regenschauer nieder. Kein Wanderer war zu sehen. Bisweilen erschienen die Wegmarkierungen aber so ganz wohl war mir nicht. Das wurde auch durch die Tatsache nicht besser, dass ich mich durch einen wunderschönen, fast schon märchenhaft anmutenden Zauberwalt, mit uraltem Baumbestand, gesäumt von Farnen, bewegte.

Immer wieder tauchten wunderschöne kleine Weiler auf, die fast unsichtbar im Wald erschienen und im nächsten Moment wieder verschwanden. Interessant waren die Friedhöfe am Rande der Dörfer mit den eigenartigen Beerdigungshäuschen, die ich so vorher noch nie gesehen hatte.

Die Bewölkung und die Niederschlagsfrequenz wurden immer häufiger und immer noch war ich mir sehr unsicher ob des richtigen Weges. Für die Rast suchte ich ein Haus oder Kirche mit Vordach um meine Route zu kontrollieren und tatsächlich war ich hier auf einen Nebenweg geraten, der zwölf Kilometer mehr versprach, aber ein altes, berühmtes Kloster als Übernachtungsmöglichkeit und Attraktion bot. Jetzt war mir auch klar, warum die vermeintlichen zehn Kilometer nicht zu Ende gehen wollten. Was blieb schon übrig, zum Umdrehen war es längst zu spät und so dehnte ich meinen Tagesmarsch wieder auf weit über sechsunddreißig Kilometer aus. Unterwegs traf ich immer wieder auf den seltsamen italienischen Fahrradfahrer vom Vortag. Mit seinem alten Klapperapparat überholte er mich, rief mir im Vorbeifahren etwas auf Italienisch zu und verschwand wieder. Kurze Zeit später überholte er mich wieder. Nach seinem etwas schrulligen Aussehen und seinem eigenartigen Verhalten taufte ich in Catweazle, der Mann aus einer anderen Zeit und Welt. Jedes Mal wenn er an mir vorbeifuhr rief er einen Schauer in mir hervor. Er blieb jedoch nie stehen um sich zu unterhalten – eben ein komischer Kauz. In Samos angekommen führte eine historische Steinbrücke über einen größeren Gebirgsbach, vorbei an dem Kloster.

Nachdem ich aber durch den vielen Regen wieder ziemlich durchnässt und kalt war, wollte ich lieber eine private Herberge ausfindig machen. Hier stieß ich wieder auf das schwedische Pärchen, die dann mit mir gemeinsam eine Unterkunft suchten. An der Hauptstraße wurden wir dann fündig und quartierten uns in eine ordentliche Herberge mit Wifi, warmem Wasser und der Möglichkeit selber zu kochen ein. An diesem Abend gab es selbstgekochten Eintopf aus der Dose mit Wurst und Gemüse verfeinert, dazu Baguette und Käse. Die Lebensmittel hatte ich aus dem örtlichen Supermarkt besorgt. Nur die Wurst war dermaßen hart, dass nicht einmal mein Taschenmesser hier seinen Dienst tun wollte. Leider gab es kaum Möglichkeit mit irgendjemand eine Konversation zu betreiben und so legte ich mich sehr früh ins Bett und lies meine Gedanken um mich kreisen. Diese Mischung aus, einerseits viele Kontakte knüpfen und andererseits stundenlang für sich alleine zu sein, war eine Eigenschaft des Caminos die ich persönlich sehr mochte.

Es wurde nur allmählich dunkel und dadurch dauerte auch die Nacht länger, und wenn einen dann noch die Schlaflosigkeit plagt wurde eine solche Nacht unerträglich lange. Wenn ich es dann noch nicht schaffte bis spätestens um elf

Uhr zu schlafen, dann wurde ich plötzlich wieder hellwach und konnte im Bett sitzend warten bis ich irgendwann morgens einschlafen konnte.

Einundzwanzigster Tag

16. Mai. Samos nach Portomarin

Es ist nicht wenig Zeit, die wir haben, sondern es ist viel Zeit, die wir nicht nutzen.
Lucius Annaeus Seneca, römischer Philosoph

Leider startete der Morgen wieder mit strömendem Regen zu dem eine eintönige, etwa zweistündige Tour, entlang einer breiten Straße bis Saria kam. Saria selber nutzte ich für ein Frühstück. In einem Café, das zu einem größeren Hotel gehörte, setzte ich mich an einen freien Platz zu einem älteren Herrn – einem Engländer, einem zweifellos feinen Engländer. Wir hatten ein nettes Gespräch über das Verhältnis zwischen England und Deutschland und andere ziemlich unwichtige Themen. Der Brite war entsprechend seiner Herkunft furchtbar höflich und besaß auch den berühmten britischen Humor.

Es half nichts, wenn auch das Frühstück noch so gut und die Unterhaltung noch so nett war, ich musste weiter. Die Straße führte aus der Stadt heraus wieder auf die gewohnten Schotter Pisten, und nachdem jetzt so langsam die letzten hundert Kilometer vor Santiago anfingen, nahm auch die Zahl und die Dichte der Pilger plötzlich zu. Es entstanden plötzlich kleine Menschenketten, ein Zustand den ich so auf dem Weg noch nie gesehen hatte. Eine spanische Gruppe beteten laut den Rosenkranz. Ich hatte vorher nicht einmal jemanden grundsätzlich beten sehen und jetzt gleich eine ganze Gruppe - und laut. Noch im Vorbeigehen überlegte ich mir ob ich mich nicht einfach ans Ende anschließen sollte und mich von dem Gebet berieseln lassen sollte, aber dann ging ich doch vorbei, um meinen eigenen Rosenkranz zu beten.

Der Regen nahm zu und bald war er so dicht, dass selbst der beste Poncho an seine Grenzen stieß. Deshalb entschloss ich mich eine zweite Kaffeepause einzulegen. Die Gaststätte war aber so gefüllt, da wohl auch schon andere durchnässte Pilger die gleiche Idee hatten, dass nur noch Plätze in einer angrenzenden Scheune frei waren. Ich entledigte mich meiner nassen Jacken und des Ponchos und setzte mich tropfnass an einen Tisch, an dem sich zwei junge Mädels unterhielten. Schnell war klar, dass es Landsleute waren und auf meine Frage, wie sie zum Jakobsweg gekommen waren, entstand ein willkommenes Gespräch. Die beiden waren erst sechzehn Jahre alt, kamen aus dem Aachener Raum und hatten sich kurzfristig entschlossen den Jakobs Weg zu gehen. Beide gingen auf eine Walldorfschule und hatten kurzerhand eine Projektarbeit abgebrochen um hier in Spanien eine neue zu beginnen. Ausgerechnet an ihrem ersten Tag, also heute, wurden sie von diesem unerbittlichen Dauerregen überrascht. Die Beiden hatten bedeutend bessere Regenkleidung als ich an, waren aber trotzdem ebenfalls bis auf die Haut nass. Darüber musste ich etwas lachen, was keinesfalls Schadenfreude war. Begeistert meinten sie daraufhin, wenn man nach über siebenhundert Kilometer noch so gute Laune bei so schlechtem Wetter haben kann, dann könnte es tatsächlich sein, dass der Weg eine positive Auswirkung auf die Persönlichkeit haben könnte. Ich bestätigte diese Aussage und wünschte ihnen beim Abschied einen guten Weg, angenehme Bekanntschaften und viele positive Erlebnisse.

Das Wetter und der Weg wurden den ganzen Tag nicht besser und so entschloss ich mich einfach ohne Pause durchzuwandern. Portomarin lag an einem größeren Fluss und wurde durch das Aufstauen desselbigen irgendwann mal umgesiedelt. Einzig die alte Kirche wurde Stein für Stein abgetragen und im neuen Ort wieder originalgetreu aufgebaut. Der Weg zum Fluss führte über eine steil nach unten führende Straße, nach deren Bewältigung sich jeder Muskel in den Waden meldete. Über den eigentlichen Fluss, der vor dem Dorf zu einem See aufgestaut war, führte eine Brücke, die so lang wie unheimlich war. Mit dem Gedanken, dass sich unter dem See ein komplettes Dorf befindet wanderte ich die endlos lange Brücke entlang um über eine breite Treppe wieder nach Portomarin emporzusteigen.

Ich leide nicht unter Höhenangst oder Unbehagen bei steil abfallenden Bergschluchten, aber nur selten hatte ich ein solches Unbehagen beim Überqueren einer Brücke. Entlang einer breiten Straße mit interessantem Kopfsteinpflaster versuchte ich in der Nähe der Kirche eine Herberge zu finden.

Freundlicherweise half mir hier eine Südafrikanerin, die hier Urlaub machte. Sie schickte mich links der Kirche entlang, wofür ich mich natürlich artig bedankte. Kaum losgegangen lief sie mir wieder nach, entschuldigte sich und wies mir jetzt den Weg nach rechts, den sie sich nochmals bei einem Taxifahrer sicherheitshalber erfragt hatte. Die staatliche Herberge war sehr nüchtern und praktikabel gebaut.

Vor der Eingangstür war eine Bank, auf die ich mich erst mal vor Erschöpfung setzen musste, da ich die letzten vier Stunden ohne Unterbrechung gegangen war. Neben mir saß eine junge Frau, die mir sofort einen Donat zum Essen anbot. Ich bedankte mich in der gleichen Sprache wie auch das Angebot an mich ergangen war, in Englisch. Es entstand ein kleines Gespräch bis wir merkten, dass Sie aus Berlin und ich aus Bayern stammten. Das passierte mir sehr oft auf dem Camino, aber die allumfassende Sprache auf dem Jakobsweg war nun mal englisch. Eine größere Überraschung erwartete mich im Schlafsaal, der war nämlich mit sechzig Betten enorm mächtig. Von Vorteil war die Einmal-Bettwäsche, die einen Hauch von Sterilität vermittelte. Die Waschmöglichkeiten bestanden aus offenen Duschkabinen, die nur mit Holzwänden abgetrennt waren. Kochmöglichkeiten gab es nur begrenzt, deshalb konzentrierte ich mich auf das Schreiben meines Tagebuches, was heute auch nicht sehr interessant war, da es nur geregnet hatte. Das

Essen bestand aus altem altes Baguette mit Käse, welches ich im eiskalten Aufenthaltsraum einnahm.

Gegen Abend schlenderte ich noch ein wenig durch den Ort, bestaunte die wiederaufgebaute Kirche und legte mich sehr früh ins Bett. Auf der gegenüberliegenden Seite war ein schwedisches Pärchen, die ihren sieben Monate alten Sohn beim Pilgern dabei hatten. Verwundert ob des Mutes der Beiden war ihr Argument die Anspruchslosigkeit von Kleinkindern. Der Kleine hatte noch keinen Drang selber zu gehen und fühlte sich im Tragetuch anscheinend recht wohl. Er war wirklich brav und schlief auch lange vor mir ein.

Zweiundzwanzigster Tag
17. Mai. Portomarin nach Ponte Campana

Jeder Augenblick ist eine Perle, die wir auf die Kette unseres Lebens fädeln. Und jeder glitzernde Glücksmoment, den wir genießen, macht unsere Kette ein bisschen kostbarer.
Jochen Marris

Ein weiterer Morgen in strömendem Regen und immer noch hielt ich an meinem defekten Regencape fest, dass sich nur mit drei Wäscheklammern zusammenhalten lies. Jaja alte Traditionen soll man nicht so einfach aufgeben. Der Weg ging erst mal streng bergauf, aber an diese Art von Anstrengung hatten sich mein Körper und insbesondere meine Beine gewöhnt. Die Kilometer nach Santiago schmolzen dahin, und hier hatten sich die Spanier erlaubt jeden Kilometer einen Stein mit Jakobsmuschel und Restkilometern aufzustellen.

Ob das nun klug war und zur Pilgermotivation beitrug wagte ich zu bezweifeln. Bei meiner ersten Kaffeepause in einer kleinen Bar traf ich die Berlinerin vom Vortag wieder. Beate, ihr Name, war mit ihrer Mutter unterwegs. Bei einem warmen Milchkaffee verriet mir Beate, dass sie, wenn sie die restlichen Etappen schaffen würde, ihre Strümpfe ungewaschen ins Wohnzimmer hängen würde. Die Idee fand ich belustigend aber bei Gott nicht praktikabel. Aber sie war Single und Herr ihrer eigenen Wohnung, ich hatte da noch Ehefrau und Kinder, die damit sicher nicht einverstanden gewesen wären. Mein primäres Ziel war heute Palas de Rei, aber eigentlich wollte ich weiter kommen, was mir auch gelang. In Palas de Rei saß bei meinem Eintreffen Beate auf der Treppe der Herberge und genoss die Mittagssonne, nachdem es endlich zu regnen aufgehört hatte. „Du bleibst heute auch hier?", wollte sie wissen, "dann können wir uns heute Abend gemütlich unterhalten." Ich verneinte die Frage, denn ich hatte noch Lust zu Laufen und mir ging es auch gut, also warum schon jetzt eine Herberge beziehen, wenn vielleicht noch ein neues Erlebnis auf mich warten konnte. Wir verabschiedeten uns, und ohne einen nennenswerten Aufenthalt lies ich Palas de Rei hinter mir und wanderte weiter.

Laut meinem Reiseführer hatte ich jetzt die nächsten zehn Kilometer drei mögliche Herbergen die ich nutzen konnte. Die Straße führte mich wieder durch wunderschöne Wälder mit uraltem Baumbestand, entlang an noch brachliegenden Feldern und Wiesen. Plötzlich überholte mich ein alter Bekannter mit einem uralten klapprigen Fahrrad. Catweazle, wie ich den komischen Kauz nannte, war plötzlich wieder wie aus dem nichts aufgetaucht. Ohne Rucksack und nur mit Umhängetasche und aus einem Müllbeutel gebastelten Regenschutz bekleidet, radelte er an mir vorbei warf mir einige Brocken italienisch entgegen und weg war er. Bevor ich recht schaute oder gar eine „Buen Camino" loswerden konnte war er in der nächsten Wegbiegung verschwunden. Kaum eine halbe Stunde später passierte das gleiche wieder. Keine Ahnung was er in der Zwischenzeit gemacht hatte oder welche Umwege er gefahren war. Kurze Zeit danach traf ich ihn auf seinem Fahrrad sitzend an ein Brückengeländer gelehnt, als würde er auf mich warten um mir wieder einen kleinen Vorsprung zu verschaffen. Plötzlich war er dann wieder für diesen Tag verschwunden. So ging das insgesamt drei Tage mit meinem Freund Catweazle. Ich entschied mich, nachdem Sonnenschein und Regen sich in immer kürzeren Abständen abwechselten, für die mittlere Herberge der drei Möglichen in PonteCampana.

Von außen sah die Unterkunft etwas schäbig und nur zum Teil renoviert aus, jedoch im Haus fand ich einen Eingangsbereich mit Speisesaal und perfektem Pilgerambiente vor. Nach der Prozedur des Anmeldens und Pilgerpass Ausfüllens, belegte ich mein Bett in einem angenehm kleinen Schlafsaal mit nur zehn Betten. Im Schlafsaal war es kalt und so hoffte ich auf eine warme Dusche, die für einen anstrengenden Wandertag entschädigte. Und heute hatte ich Glück – warmes Wasser und saubere Duschen, alles was das Herz begehrte war vorhanden. Gut gelaunt setzte ich mich anschließend in dem kleinen Innenhof in die Sonne und machte nichts anderes als nur zu entspannen. Um mich herum saßen da schon einige Pilger, zwei junge Mädchen, zwei Jungs und einige Ältere Herschafften. Darunter auch zwei Franzosen wobei der Rest deutschsprachig war. Mit einer Dame, so Mitte fünfzig, kam ich ins Gespräch und wir tauschten Reiseerlebnisse aus. Auf die Frage nach ihrem morgigen Ziel antwortete sie überraschend: "Ja Morgen fahre ich ungefähr fünfundzwanzig Kilometer!" „Wie - fahren?" entgegnete ich völlig perplex. Daraufhin erzählte mir Claudia ihre kleine Leidensgeschichte des Caminos. Gestartet war sie in Burgos und war ohne Probleme, ohne Schwielen und ohne Knieschmerzen bis vor drei Tagen auf dem Weg unterwegs. Alles schien perfekt und sie war mächtig auf sich stolz. Es gab nicht einen Gedanken, dass das Ziel nicht zu erreichen wäre. Bis vor drei Tagen. Sie übernachtete in einem kleinen Städtchen und wollte sich abends noch ein wenig die Beine vertreten, als sie plötzlich nur mit Flipflops an den Füßen auf dem groben Kopfsteinpflaster umknickte. Der Schmerz nahm dann in den folgenden Stunden dermaßen zu, dass ein Besuch eines Krankenhauses nicht zu vermeiden war.

Claudia arbeitete selber bei einem Chirurgen und ahnte schon Furchtbares und diese Vorahnung bestätigte sich auch. Sie hatte einen Kapselriss am Sprunggelenk und an weiterlaufen war nicht zu denken. Völlig niedergeschlagen überlegte sie fieberhaft wie sie trotzdem nach der bisherigen Leistung von immerhin ca. sechshundert Kilometern diesen lange vorbereiteten Traum, den Camino zu bezwingen, zu Ende bringen konnte. Im Reiseführer stieß sie auf eine Adresse eines Deutschen, der bei unerwarteten Problemen

Hilfe leisten konnte. Bei einem Anruf erfuhr sie dann eben von diesem Herrn aus dem Reiseführer, dass es nichts ausmachte, wenn sie die letzten Etappen mit dem Taxi oder Bus zurücklegte. Die Compostela, der Nachweis der Wanderung, würde sie auf jeden Fall bekommen. Seitdem fuhr sie mit Taxi oder Bus, holte sich ihre Stempel ab und genoss mit einer Schiene am Knöchel den Rest des Weges.

Der Erzählung lauschten noch Karina und Ihre Freundin sowie Jonas und Luzia aus Baden. Immer wieder fing es zu regnen an, den wir unter einem Vordach überbrückten, aber irgendwann gingen wir alle zusammen in den großen Speise- und Aufenthaltsraum. Der Regenschauer wandelte sich in einen Wolkenbruch mit Hagelschauer. Plötzlich öffnete sich die Tür zur Herberge und herein kamen die beiden Damen aus Rosenheim, die ich schon öfters gesehen hatte, pudelnass und in Regenponchos eingemummt. Der Hagelschauer hatte sie eiskalt zwei Kilometer vor der Herberge auf freiem Feld erwischt, ohne eine Möglichkeit sich unterzustellen waren sie im Laufschritt bis hierher geeilt. Der Holzofen im Speiseraum war schnell entfacht und so konnten die beiden ihre Sachen trocknen. Karina, eines der beiden Mädchen sorgte sich um mein defektes Regencape und versuchte mit Jonas zusammen den defekten Regenschutz mit Panzerband zu reparieren. Das funktionierte wirklich, sah aber furchtbar aus.

Wir alle hatten zusammen eine gute Unterhaltung und jeder hatte irgendetwas für den anderen oder half beim Trocknen und Wenden von nassen Sachen am Holzofen. Das gemeinsame Pilgermenü mit Linsensuppe Fleisch und selbstgemachtem „Flam", einem Vanillepudding, war außerordentlich gut. Mit Luzia, einer Mittfünfzigerin hatte ich noch eine interessante Unterhaltung über ihr Engagement und Aktionen in ihrer Pfarrgemeinde. Zum ersten Mal kam ich mit den Rosenheimer Mädels ins Gespräch, sie hatten mich auch schon einige Male auf dem Weg gesehen – heute waren wir Bettnachbarn. Jonas war Metaller, hatte eben seine Lehre beendet und wäre auch nach der Lehre übernommen worden. Er bevorzugte den Jakobsweg und wollte sich erst mal klar werden, was er aus seinem zukünftigen Leben machen wollte. Bereits hier war er zu dem Schluss gekommen, eine weitere, jedoch soziale Lehre zu beginnen. Manchmal wunderte ich mich über solche Aussage oder Lebenseinstellung die ich unterwegs kennen gelernt hatte, aber genauso oft bewunderte ich den Mut seinen Lebensweg zu verlassen um ihn nochmals neu oder anders orientiert fortzusetzen. Gegen später schauten Jonas und ich in der kleinen Bar auch noch bis zehn Uhr Fußball. Erst dann schlüpften wir ins Bett.

Dreiundzwanzigster Tag

18. Mai. Ponte Campana nach A Salceda

Am Ziel deiner Wünsche wirst du jedenfalls eines vermissen: dein Wandern zum Ziel.
Marie Freifrau Ebner-Eschenbach

Der Morgen war diesig aber regenfrei. Schnell räumte ich meine Sachen zusammen und wollte auch, nachdem ich kein Frühstück bestellt hatte, früh los. Aber das war an diesem Tag nicht möglich. Der Schlafsaal war ein extra Gebäude, von dem aus man zwar zum Innenhof gelangen konnte, aber der Speisesaal und der eigentliche Ausgang des Hauses war von den Wirtsleuten verschlossen. Ich hatte ein kleines Problem, denn mein Wanderstab war im Eingangsbereich mit eingeschlossen. Ich konnte schon über den Garten das Haus verlassen, aber ohne meinen Stock, was für mich nicht in Frage kam.

Erst war ich allein im Innenhof und wartete, dann gesellte sich Karina zu mir und Anschließend Jonas und die Rosenheimer Mädels, die ihre nassen Wanderschuhe im Speisesaal hatten. Erst Punkt halb acht, zur Frühstückszeit, öffnete die Wirtin die Tür. Endlich konnte sich wieder jeder auf seinen persönlichen Weg machen. Aus diesig wurde bewölkt und dann kam wieder der Regen. Gegen die Kälte gab es ein Mittel – meine Handschuhe, aber der ständige Regen fand seinen Weg bis auf die Haut. Die Grenzsteine mit der Jakobsmuschel und der Angabe der restlichen Kilometer waren nun ein ständiger Begleiter, aber nicht unbedingt zusätzlich motivierend. Jedoch war jetzt schon klar dass sich der Weg bedenklich zu Ende neigte. Einerseits war ich froh, dass die Plagerei ein Ende hatte, andrerseits genoss ich jeden Tag, jede Stunde und jeden Kilometer. Ich war jetzt ziemlich am Ende meines Urlaubes und trotz Anstrengungen hatte ich mich nie so frisch und erholt gefühlt wie hier auf dem spanischen Camino.

Das befreiende Gefühl des Laufens, und der unkomplizierte Kontakt mit den Menschen hier auf dem Weg hatten schon jetzt einen bleibenden Einfluss auf mich. Eukalyptuswälder säumten jetzt immer häufiger den Weg, die leicht an den herunterhängenden Rindenstreifen erkannt werden konnten. Sie sahen zum Teil aus wie Meterlange Bärte. Ein Anblick, der in unseren Breitengraden nicht üblich ist. Immer wieder passierte ich an diesem Tag kleine Verkaufsstände von Aussteigern, die sich so über Wasser zu halten suchten. Der bizarrste Verkaufsstand bot neben Lebensmittel auch noch die Möglichkeit in einem kleinen Zelt für fünf Euro zu übernachten – besten Dank.

Das Gelände war leicht zu gehen, da es kaum noch größere Hügel oder Steigungen gab, Die Nähe von Santiago war ja auch gleichzeitig die Nähe der flacheren Küste. Die Waldwege waren sehr romantisch angelegt, nur jetzt kurz vor dem Ziel sehr überlaufen. Immer wieder traf ich auf Gruppen, die sich wie Ameisen in einer Kolonne entlang des Weges bewegten. Es war aber auch möglich, ohne einen Pilger zu sehen, alleine zu gehen. Immer wieder wurde ein kleines Schwätzchen gehalten und die positive Grundstimmung vieler Pilger konnte ich mir nur mit der unmittelbaren Nähe des Zieles erklären. Eine Gruppe von Radfahrern, die auch auf dem Camino unterwegs waren, fuhren an mir vorbei. Eine aus der Gruppe hielt an und richtete mir einen Gruß von Birgit aus. Ich schaute mir die Dame genau an und erinnerte mich an die Amerikaner in Cacabelos, die am Nachbartisch gesessen hatten. „Freut mich, vielen Dank und Buen Camino", konnte ich ihr eben noch nachrufen, da sie sich beeilte ihre Gruppe nicht aus den Augen zu verlieren.

Im Reiseführer wurde die Herberge meines Etappenzieles als perfekter Neubau gepriesen. Er war etwas außerhalb von A Salceda und glich eher einer, in sich abgeschlossene Ferienanlage mit Eingangstor. Nicht wie die privaten Bauernhöfe mit Übernachtungsmöglichkeiten, die ich die vergangenen Tage genossen hatte sondern mit eher unpersönlichem Flair. Beim Einchecken erfuhr ich, dass ich das letzte Bett bekommen hatte. Der Schlafraum bestand aus ca. fünfzig Betten und war wirklich bedenklich voll. So wie ich war legte ich mich eine halbe Stunde aufs Bett um etwas Kraft zu schöpfen. Mittlerweile war mein Gewichtsverlust soweit fortgeschritten, dass mein Gürtel seinen Zweck zu keiner Zeit mehr erfüllen konnte. Nach dem Wasch- und Putzritual setzte ich mich auf einen Liegestuhl in die Sonne und genoss die

Sonnenstrahlen des Spätnachmittags. Im Salon der Anlage trank ich einen Kaffee. Neben mir saß ein Kanadier mit dem ich mich auf ein Gespräch einließ. Robert, so sein Name, war wirklich cool und relaxt, eben einfach so wie man sich einen Kanadier vorstellt. Ich bezahlte beide Kaffees, worauf er sich artig bedankte. Anschließend orderte ich mir ein Pilgermenü, denn das hatte ich mir verdient. Als ich so grob überschlug kam ich auf nicht einmal sechs Pilgermenüs in über zwanzig Tagen die ich mir geleistet hatte. Die Begründung lag oft an Überanstrengung, Übermüdung und Appetitlosigkeit.

Der Speisesaal füllte sich um neunzehn Uhr mit über hundert Pilgern, die enorm schnell mit den drei Gängen bedient wurden. Ich bekam sogar eine komplette Ein-Liter-Karaffe Rotwein zum Essen. Neben mir saßen zwei Italienerinnen so um die dreißig. Beide hatten an ihrem Tisch nur eine Viertel-Liter-Karaffe stehen, deshalb schielten sieh etwas unverständlich zu meiner Karaffe, der für eine Person ihrer Meinung nach nicht gerechtfertigt war. Ich bemerkte die Blicke, musste ein wenig lachen und lud die Beiden natürlich sofort ein, mir beim vernichten des Rotweines zu helfen. Diana und Mona, so hießen die Beiden, nahmen das Angebot gerne an und so entstand ein gleichermaßen witziges wie interessantes Gespräch. Witzig, weil nur Mona englisch konnte und sie dann für ihre Freundin immer simultan übersetzten musste. Interessant, weil wir sehr tiefschürfende Themen wie den Papst oder die Kirche andiskutierten. Als ich berichtete, dass ich seit sieben Monaten Großvater war, konnten sie ihre Verwunderung nicht verbergen und so entstand ein abendfüllendes erheiterndes Gespräch, welches letztendlich nur durch die Tatsache beendet wurde, dass alle todmüde waren und dass der Rotwein zur Neige ging.

Mich erwartete anschließend die furchtbarste Nacht des kompletten Caminos. Um das Wimmern meiner Beine einzudämmen nahm ich zwei Schmerztabletten, die aber nicht wirklich anschlugen. Nach dem dritten Abstieg aus meinem Stockbett zur Toilette war ich dann wieder hellwach – kurzum um drei Uhr nachts kontrollierte ich zum letzten Mal bewusst meine Uhr.

Vierundzwanzigster Tag

19. Mai. A Salceda nach Monte Gozo

Ein erreichtes Ziel ist das Ende eines Weges und der Anfang eines anderen.
Ernst Ferstl

Trotz schlecht verbrachter Nacht wachte ich noch vor sechs Uhr auf, packte sofort meinen Rucksack und Räumte meine Koje. Draußen erwartete mich ein blauer wolkenloser Himmel. Santiago begrüßt mich mit gutem Wetter, dachte ich und wollte schon losgehen, als ich im Blickwinkel den Kanadier vom Vortag im Salon sitzen sah. Wir verabschiedeten uns voneinander und so machte ich mich auf die letzte große Etappe meines Weges.

Es war Pfingstsonntag und schönes Wetter und nur vierundzwanzig Kilometer zu gehen. Mit Leichtigkeit hätte ich heute Santiago erreichen können aber eben nicht bis um zwölf Uhr zur Pilgermesse, die ich unbedingt miterleben wollte. Aus Erzählungen entlang des Pilgerweges hatte ich auch erfahren, dass Monte Gozo eine wichtige Herberge vor Santiago war, da sich hier traditionell die Pilger vor dem Gottesdienst gewaschen und die Kleider gereinigt hatten. Und eigentlich hatte ich doch Zeit, ich war schnell, schneller als ich je gedacht hatte. Innerhalb fünfzehn Minuten änderte der blaue Himmel sein Aussehen wieder in tristes grau und kurze Zeit später begann es wieder zu regnen. Unter einer Straßenbrücke traf ich eine junge Französin, die hier vor dem überraschenden

Regenschauer Schutz suchte. Als sie mich von der Ferne sah, wurde sie ein wenig nervös. Das konnte ich auch verstehen, weit und breit waren sonst keine Pilger zu sehen. Aber mit einem schnellen und freundlichen „Ola" und „Buen Camino" entspannte sich die Lage schnell und sie entschloss sich mit mir einige Zeit zu gehen. Sie, Madeleine, kam aus Frankreich und war nicht eben in Saint Jean Piet de Port gestartet, sondern war schon eintausend sechshundert Kilometer von Ihrer Heimat aus zu Fuß unterwegs. Sie sprach ein sehr angenehmes Englisch, (für eine Französin) und regte sich in dem anschließenden Gespräch furchtbar über ihre französischen Landsleute auf, die sich permanent weigerten Fremdsprachen ordentlich zu lernen und dann auch zu gebrauchen. Um mich mit Madeleine zu unterhalten, musste ich mein Tempo wesentlich einschränken. Da nur vierundzwanzig Kilometer heute zu bewältigen waren, war das kein Problem. Aber nach zwei Stunden trennten wir uns wieder, weil ich überhaupt keinen Laufrhythmus finden wollte.

Gegen zehn Uhr fand ich eine Bar um mich bei einer Tasse Kaffee zu stärken. Dicht gedrängt warteten hier Einheimische und Pilger gleichermaßen auf ihren Kaffee oder auf einen Platz an den nicht sehr zahlreichen Tischen. Ich hatte Glück und ergatterte schnell einen und wurde auch prompt bedient. Plötzlich setzten sich die beiden Italienerinnen Diana und Mona lachend zu mir. Wenig später stieß noch der Kanadier dazu. Es entstand wieder eine nette

Unterhaltung und eine ebenso ausgedehnte Kaffeepause. Obwohl wir uns nur einmal am Vortag gesehen hatten trafen wir uns heute wie gute alte Bekannte, die ein gemeinsamer Lebensabschnitt miteinander verband. Aber wir wollten letztendlich heute noch nach Monte Gozo und so versuchte ich an der belagerten Theke der Wirtin die Aufmerksamkeit abzugewinnen, die es mir ermöglichen würde zu zahlen. Aber die Frau hatte keinen Stress, machte neue Tassen mit Kaffee, hielt hier und da ein kleinen Tratsch und bewegte sich von Tisch zu Tisch mit einer Seelenruhe, die einen vorzeitigen Herzinfarkt sicher verhinderte. Hier half nur Geduld. Aber immerhin hatte das auch sein Gutes. Während dem Warten lernte ich einen Schweizer kennen, Benno, der mir erzählte, dass er die Tour schon zum dritten Mal absolvierte. Auch die Legende der zwei Stempel entkräftete er für mich endgültig.

Immer wieder traf man auf dem Weg Pilger, die behauptete, dass auf den letzten hundert Kilometer mindestens zwei Stempel im Pilgerpass sein müssten. Der zweite Stempel konnte von irgendeiner Bar unterwegs sein – wichtig war nur außer der Herberge noch einen zweiten zu besitzen. Diese Geschichte hatte ich unmittelbar nach der hundert Kilometer Grenze erfahren, und wie durch Zufall fragte ich rechtzeitig in einer Bar danach. Oft lag der Stempel auch auf der Theke und die Pilger setzten denselben selber in den Pass. Benno meinte aber mit einer eindringlichen Gewissheit seiner ersten beiden Touren, dass dieses Reglement nur für die Kurzpilger, der letzten hundert Kilometer gelten sollte. Wer hunderte von Kilometer gegangen war würde die Compostela auf jeden Fall bekommen.

Gut gelaunt machte ich mich nach der Begleichung der Schulden wieder auf den Weg und genauso gut gelaunt wurde im Laufe des Spätvormittags auch wieder das Wetter. Monte Gozo sollte kurz vor zwölf Uhr nicht mehr weit sein und unter dieser „Riesenherberge" konnte ich mir auch nichts vorstellen. Ursprünglich wurde sie mit einem gewissen Weitblick für den Papstbesuch von Johannes Paul II gebaut, um die anströmenden Menschenmassen unterzubringen. Jetzt konnten die Unterkünfte die enorme Zahl der Lang und Kurzzeitpilger spielend aufnehmen. In einem kleinen Biergarten machte ich noch einen Zwischenstopp und sah von dort aus die Rosenheimer Mädels vorbeiwischen. Die letzten Kilometer zum Monte Gozo gingen dann auch noch durch ein Waldgebiet, bis das Wahrzeichen von Gozo erschien, welches zum Papstbesuch von Johannes Paul II errichtet wurde. Ich am Ende der Tagesetappe und eigentlich auch fast am Ziel meiner Reise war. Kurz vor dem Ziel wanderte ich noch belustigt hinter einem Hünen, der in kurzen Hosen, Flipflops und weißen Strümpfen, die hochgezogen bis zur Kniekehle, einen belustigenden Eindruck vermittelten. Ich hätte schwören können hier vor mir einen klischeehaften Deutschen zu haben, jedoch beim

Überholen stellte sich heraus, dass es sich um einen Schweden handelte. Das Einchecken in Gozo ließ auf sich warten, da die Herberge erst um vierzehn Uhr geöffnet wurde. Also setzte ich mich auf eine Bank am Eingangsbereich und wartete, während die Schar der Wartenden immer größer wurde.

Der Herr am Empfang, der übrigens sogar im Reiseführer erwähnt wurde, nahm sich für jeden Pilger individuell Zeit, was dann auch die Einquartierung nicht beschleunigte. Zu jeder Nationalität oder Volksgruppe hatte er einen Spruch auf Lager und konnte auch in den meisten Sprachen einige Sätze loswerden. Aber wir hatten ja Zeit. Erfreulicherweise bekam ich ein Achtbettzimmer, in dem sich auch Benno, der Schweizer, einmietete. Der legte sich aber sofort aufs Bett und döste erst mal einige Stunden. Ich machte mich frisch und wollte die Anlage erkunden, die aus aneinandergereihten Schlafsälen bestand, die sich links und rechts entlang eines Weges zum Speisesaal befanden. Die ganze Herberge konnte meiner Schätzung nach ca. sechs- bis siebenhundert Pilger aufnehmen. Der Speisesaal war ein mächtiger Glasbau am Fuße der Anlage. Als ich ihn betrat, war er gefüllt mit einer großen Gruppe Senioren, die hier wohl auf Sightseeingtour waren und eine Kaffeepause eingelegt hatten.

Nur mit Mühe gelang es mir in der Menschenmasse einen Kaffee zu ergattern, mit dem ich mich in eine Ecke setzte und dem Treiben zusah. Wie durch ein geheimes

Kommando verließen die Touristen das Etablissement und gespenstische Ruhe kehrte ein. Gerade recht um einen heißen Sonntags-Nachmittags-Kaffee in Ruhe einzunehmen. Beim Rückweg fielen mir noch einige Verkaufsstände für Souvenirs auf, die aber am heutigen Pfingstsonntag geschlossen waren. In meinem Zimmer lag Benno immer noch beim Dösen. Als ich mich aufmachte um außerhalb der Anlage etwas zum Essen zu suchen, wachte er gerade auf und kurzentschlossen marschierte er mit mir mit. Eine angepriesene Bar mit Spezialitäten war geschlossen, deshalb fiel unsere Wahl auf eine naheliegende Pizzeria. Dort stieß Beate aus Berlin überaschenderweise zu uns. Das Essen wurde heute nicht, wie üblich, durch ein Gespräch ausgeweitet, vielmehr merkte man jedem die Anspannung des morgigen Tages an. Selbst Benno, der ja schon einige Male hier war, konnte diese nicht verbergen. Zu dritt marschierten wir an dem Monte-Gozo-Denkmal vorbei zu unseren Unterkünften. Vor der Tür hatten sich einige Pilger in der abendlichen Sonne niedergelassen. Und bevor ich noch einen einzelnen erkennen konnte sprang mir schon Luzia aus Baden entgegen und umarmte mich. Sie hatte den Rest der Truppe vor einem Tag verloren, meinte aber, dass Jonas Morgen in Santiago sein müsste. Wir setzten uns auf die Bank an Eingang der Herberge und fanden noch viel Stoff für Gespräche an diesem Abend.

Das Ziel

20. Mai Santiago

Hinter jeder Biegung suchte ich und fand dich nicht.
Wie in einem Labyrinth irrte ich umher. Es trieb mich vom Weg ab
in die andere Richtung wie ich meinte nach außen,
nicht zu dir, den ich suchte.
Verzweifelt kletterte ich über Hindernisse und Zäune, bis ich merkte,
ich war schon immer da.
Der Weg ist das Ziel!
Willigis Jäger OSB

Sonnenschein, nichts als Sonnenschein – der Apostel Jakobus meinte es gut mit mir. Mein Einzug in Santiago de Compostela fand bei gleisendem Sonnenschein statt. Alle vorangegangenen Tage und Märsche in Regen, Schnee und Matsch waren angesichts des blauen Himmels und des nahen Zieles vergessen. Fünf Kilometer bis zur Kathedrale. Die Strecke war so kurz, dass ich den heutigen Tag nicht mehr zur Wanderung dazu zählte. Entlang der Strecke waren viele Tagespilger und Touristen unterwegs, alle mit demselben Ziel. Vor mir war eine Seniorengruppe Amerikaner ohne Rucksack, die sich das Gefühl abholen wollten Santiago zu erreichen. Mit dabei ein kleines Mädchen, vielleicht so um die vier Jahre alt mit einem dunklen Lockenschopf, welches durch die Gruppe wirbelte und immer in Bewegung war. Nachdem ich die Amerikaner überholt hatte, die übrigens enorm freundlich grüßten und in mir einen „echten Pilger" erkannten, überholte mich immer wieder das kleine Mädchen, spielte am Wegesrand um auf die Gruppe zu warten und lief anschließend wieder an mir vorbei. Als sie mich wieder überholte blieb sie demonstrativ mit ihrem braunen Haarschopf vor mir stehen, musterte mich genau und fragte: "Hallo, wie heißt du?" Etwas amüsiert ob ihres mutigen Auftretens gegenüber eines Fremden antwortete ich:" Ich heiße Alex." „Das ist lustig", meine die Kleine, "Mein Name ist auch Alex". Lachend erwiderte ich: "Aber du bist ein Mädchen." Sie prustete vor Lachen: "Natürlich, ich bin mir sicher, dass ich ein Mädchen bin, aber du bist ein Junge!" Sie lachte mir nochmals zu und startete im Laufschritt wieder den Weg zu Ihrer Gruppe zurück.

Ich ging amüsiert weiter und hörte die Kleine weit entfernt jemandem erzählen, dass es hier einen Wanderer mit Ihrem Namen gibt. Nach einiger Zeit wurde ich etwas nachdenklicher und freute mich, dass ich ausgerechnet an der Stadtgrenze von Santiago von einem kleinen Sonnenschein mit meinem Namen begrüßt worden war. Sie hätte ohne weiteres an mir vorbeilaufen, und mich ignorieren können. Ich nahm es als gutes Zeichen. Vielleicht würde ich ja heute noch mehr solche Zufälle, beim Erreichen meines Zieles erleben – alles konnte hier am Pilgerziel noch geschehen.

Vor lauter Vorfreude hatte ich mir die fünf Kilometer bis zur Kathedrale viel kürzer vorgestellt. In Santiago, kurz vor der Kathedrale, verlor ich auch nochmal kurz den Weg. Aber mit etwas Umsicht und durch das Folgen anderer Pilger erreichte ich den Hauptplatz vor der Kathedrale. GESCHAFFT – das Ziel meiner Reise war auf einmal erreicht und jede Anstrengung und Mühe, jeder Zweifel und jede Unwegsamkeit, jeder Regentag und jeder Berg waren in diesem Moment vergessen. Die Tagelange Anspannung, die auf dieses Ziel gerichtet war verflog aber nicht, sondern steigerte sich in Aufregung und Freude. Freude über meine Standhaftigkeit und

Hartnäckigkeit der letzten Wochen, hier nicht zu versagen. Wie viele andere Pilger setzte ich mich auf den riesigen Vorplatz und betrachtete die Kathedrale. Sie war nicht schön, furchtbar viel Patina hatte sich auf der Fassade abgelagert. Zuweilen wuchsen kleine Büsche oder Gräser aus Mauerritzen – kurzum es gab schönere Kirchen. Aber es gab nur eine Kathedrale in Santiago de Compostela und in diesem Moment war sie der Innbegriff von Schönheit und Einzigartigkeit. Ich genoss diesen Augenblick und suchte ihn so lange wie möglich als einzigartig festzuhalten. Immer wieder beobachtete ich um mich die Pilger, die Einzeln oder in Gruppen am Boden saßen und anscheinend das gleiche Glücksgefühl wie ich empfanden.

Das Aufstehen fiel schwer, aber ich wollte ja auch den Lohn meiner Mühe, die Compostela, erhalten. Der Weg zum Pilgerbüro war nicht schwer zu finden, da er sich unmittelbar in Sichtweite der Kathedrale befand. Ein Holztor versperrte den Zugang und ein Schild gab über die Öffnungszeiten Auskunft. Es war halb neun Uhr, also noch eine halbe Stunde bis zur Öffnungszeit. Bei meinem Eintreffen standen schon einige Pilger und bis neun Uhr wurden es immer mehr. Auch Bekannte waren unter den Wartenden, unter anderem ein Vater mit Sohn aus Schottland, die ich einige Male schon gesehen, aber noch nicht mit ihnen gesprochen hatte. Benno aus der Schweiz stand ebenfalls lachend am Portal und meinte: "Ich werde mir doch die Compostela nicht entgehen lassen". Noch gestern meinte er zu mir, dass er schon zwei besäße und auf eine Dritte ruhig verzichten konnte. Jeder der Wartenden kontrollierte nochmal seinen Pilgerpass, denn ohne diesen Nachweis war eine Compostela nicht zu erhalten.

Kurz nach neun wurde dann endlich das Tor geöffnet wurde und die vielleicht zwanzig Pilger strömten hinein. Die in meiner Vorstellung einmalige Zeremonie der Urkundenübergabe verblasste in einer nüchternen Amtshandlung. Die Dame fragte höflich nach Name, Geburtsdatum und Herkunft und kontrollierte danach ausgiebig den Pilgerpass auf Plausibilität. Alsdann verbrachte sie den Vornamen mit einer lateinischen Endung auf der Urkunde, um ihr eine persönliche Note zu verleihen. Das ganze wurde zusammengerollt in einer Kartonröhre übergeben. Die Röhre gab es nicht umsonst, hatte aber seinen Sinn, da sie problemlos im Rucksack die Compostela schützte. Feierlich ging ich mit der Röhre in der Hand die Treppen in den Innenhof hinunter und packte die Urkunde nochmals aus um sie in Ruhe zu studieren. Vom Innenhof aus konnte man auf die Straße und ins gegenüberliegende Hotel sehen und während ich noch fasziniert meine Urkunde betrachtete ging plötzlich auf der Straße ein Geschrei los und ein wirbelndes etwas rannte auf mich zu um mir um den Hals und in die Arme zu fallen. Erst nachdem ich mich etwas befreit hatte erkannte ich Birgit, die von der gegenüberliegenden Straßenseite zu mir herübergerannt war. „Mensch freu ich mich" schrie sie mich an. „Wir sitzen gegenüber im Hotel und Frühstücken und da habe ich deine Jacke erkannt." „Wer ist wir", erwiderte ich. „Komm einfach mit und du wirst es sehen." Wir beide rannten über die Straße in das Hotel und am Frühstückstisch erkannte ich Christian. Beide hatten sich ein gemeinsames Zimmer, als Belohnung, in dem extrem teuren Hotel genommen und saßen beim gemütlichen Frühstück als Birgit mich plötzlich sah. Nach einer ausgiebigen Begrüßung entschloss ich mich auf eine Tasse Kaffee den beiden Gesellschaft zu leisten. Birgit erzählte, dass Christian und Sie schon am Vortag hier angekommen waren und sich in dem Hotel eingemietet hatten. Frank Kelly, mein Schottischer Freund sollte ebenfalls heute eintreffe.

Über dieses glückliche Zusammentreffen freuten wir uns alle und verabredeten uns um zwölf Uhr zur Pilgermesse. Jetzt war ich auch bereit mein Vorhaben, bis Finisterre weiterzugehen um mich dort abholen zu lassen, preiszugeben. Birgit war begeistert und bot sich sofort an mich zu begleiten. Christian hatte andere Pläne, er wollte mit dem Bus weiter nach Porto in Portugal und dann noch einige Tage nach Madrid. Wir alle waren guter Dinge, dass sich aber noch einiges viel anders entwickeln sollte, wusste ich zu diesem Zeitpunkt noch nicht. Gut gelaunt marschierte ich wider Richtung Kathedrale und klapperte ein wenig die Souvenirläden ab, um einige Geschenke für Bekannte und Freunde zu besorgen. Nebst vielem Ramsch in den kleinen Geschäften wurde ich erst an der Kathedrale fündig und kaufte dort sechzehn geweihte Kreuze aus Holz mit dem heiligen Jakobus. Dort stupsten mich auch zwei Mädel an, meine zwei Walldorfschülerinnen, die Ihre hundert Kilometer mit Bravour gemeistert hatten. Wir setzten uns gemeinsam auf den Boden und die Beiden erzählen mir von Ihrer Wanderung. Für beide waren selbst die „nur" einhundert gelaufenen Kilometer ein einschneidendes Erlebnis geworden.

Mit einer herzlichen Umarmung verabschiedeten wir uns. In der Kathedrale besichtigte ich die Sehenswürdigkeiten und einmaligen Seitenaltäre und Fresken. Als ich mich in die Reihe zum Abgang ins Jakobusgrab stellte umarmte mich Luzia, die mich schon von weitem gesehen hatte. Mit ihr zusammen kniete ich dann auch einige Minuten in der Katakombe vor dem Jakobusgrab um zu beten. Für mich war dieser Augenblick sehr erhebend und einmalig berührend und auch der eigentliche frühere Pilgergrund. Pilger waren unterwegs um am Jakobusgrab, bei den Reliquien des Apostels, beten zu können. Der nächste Weg ging nun zum Hochaltar, wo jeder Pilger die Statue des heiligen Jakobus, die sich über dem selbigen, über eine schmale Treppe zugänglich befand. Die Zeremonie wurde von einem Aufpasser überwacht, der die Pilger nach einer gewissen Zeit ermahnte für den nächsten Platz zu machen. Alle zeremoniellen Gesten eines guten Pilgers hatten Luzia und ich nun erledigt und gingen nun gemeinsam in die vorbereiteten Bänke für Pilger zur kurz bevorstehenden Pilgermesse. Während sich die Bänke füllten und das Wachpersonal bemüht war, das Fotoverbot durchzusetzen, hatte ich Birgit und Christian bereits entdeckt und über Blickkontakt begrüßt. Immer mehr bekannte Gesichter tauchten auf, darunter die Rosenheimer Mädels, der schottische Vater mit Sohn vom Vormittag und viele mehr, von denen mir nur die Gesichter geläufig waren. Es war Pfingstmontag und dementsprechend feierlich auch der anschließende Gottesdienst. Besonders eine einzelne Nonne, die mit glasklarer Stimme den Gesangspart übernahm, sorgte während der gesamten heiligen Messe für Gänsehautfeeling. Beim Friedensgruß umarmte mich Luzia dermaßen heftig, dass ich doch ein wenig überrascht war. Anschließend kullerten ihr vor lauter Rührung ein paar Tränen über die Wangen. Am Ende des Gottesdienstes trafen sich nochmals alle Bekannten vor der Kathedrale um sich wieder zu verabschieden, denn einige traten jetzt den Heimweg an, andere blieben noch einige Tage in Santiago um mit dem Bus nach Finisterre zu gelangen und wieder andere wollten die neunzig Kilometer noch laufen. Dazu gehörte ich. Gutgelaunt setzte ich mich auf eine Mauer, die den großen Platz vor der Kathedrale umrahmte und rief meine Frau an um ihr zu sagen, dass ich in Santiago angekommen bin und jetzt weiter nach Finisterre gehen wollte.

So gut meine Laune war, so abrupt eröffnete mir Barbara meine Frau, dass das Angebot zum Abholen, - gewissermaßen die verlorene Wette, nicht eingehalten würde. „Wie jetzt?" hakte ich nach, „Wie stellst du dir das jetzt vor, ich stehe hier zweieinhalbtausend Kilometer von zu Hause weg und ich habe keinen Plan „B", weil ich mich auf ein Versprechen hundertprozentig verlassen habe." „Ja anscheinend hat er sich jetzt durchgerechnet, was ihm die ganze Sache kostet und ein Flug wäre da viel billiger", erwiderte meine Frau erklärend zu der plötzlichen Absage. Ich war beinahe sprachlos, was bei mir schon was bedeutete. Ich beendete das Gespräch und sagte nur kurz, dass ich in zwanzig Minuten wieder anrufen würde, da ich mir jetzt etwas überlegen müsste. Fassungslosigkeit, ob des gebrochenen Versprechens, war noch gelinde ausgedrückt, nicht alles konnte ich in Gedanken – geschweige in Worte fassen was mir durch den Kopf ging. Angestrengt überlegte ich und sah immer mehr die Hoffnung auf Finisterre schwinden. Ich musste jetzt versuchen auf einem einfachen Weg nach Hause zu gelangen und mein Sekundärziel Finisterre aufzugeben.

Solange ich noch jemand hier kannte der mir helfen konnte, vor allen Dingen mit der Sprache, musste ich das dringend in Anspruch nehmen, so sehr mich auch Finisterre lockte. Ich rief meine Frau nochmals an um ihr meinen Entschluss, einer vorzeitigen Rückkehr mitzuteilen. Sie versuchte mich zu überzeugen den Weg zu Ende zu gehen, aber mein Entschluss stand fest. Noch etwas verwirrt machte ich mich auf um in einem Internetcafé die Möglichkeiten eines Rückfluges abzuklären, als mich auf einmal von hinten eine Hand auf der Schulter aufhielt. Ich drehte mich um und da stand Frank Kelly mit Tränen in den Augen. Gleich hinter ihm stürmten Birgit und Christian die Gasse herunter und auf mich zu. Birgit hatte Frank getroffen und ihm berichtet, dass ich schon wieder auf dem Weg nach Finisterre wäre. Frank seinerseits wollte unbedingt mich noch einmal sehen und freute sich jetzt so sehr, dass er mit glasigen Augen wie ein kleines Kind vor mir stand. Allen drei erklärte ich meine geänderte Situation und alle drei waren sofort bereit mir zu helfen. Aus der anfänglichen Idee von Santiago aus zu fliegen, überzeugte mich Christian mit ihm nach Porto zu fahren um von dort aus mit einem Flug mit besserem Anschluss nach Hause zu kommen. Frank besorgte mir eine Übernachtungsmöglichkeit in der überfüllten Stadt und Birgit organisierte ein Picknick in einer kleinen Grünanlage. Selbst sehr gute Freunde hätten in diesem Moment nicht mehr helfen können als die Drei, die ich eigentlich nicht sehr genau kannte und die nur einen kleinen Teil meines Weges mit mir gegangen waren. Aber ich hätte mir keine besseren Wegbegleiter aussuchen können, die sich mir in dieser Lage als die besten Freunde herausstellten.

Gemeinsam gingen wir für unser geplantes Picknick einkaufen und hatten bei dem selbigen noch eine Menge Spaß, sodass sich meine Laune merklich verbesserte. Enttäuscht und froh gleichermaßen fiel ich an diesem Tag in mein Bett und meine Gedanken kreisten noch lange bei diesen drei wunderbaren Freunden.

Der Umweg nach Hause

21. Mai 2013 Santiago nach Porto

Kaum aufgestanden, packte ich meinen Rucksack und Stock um mich mit Christian zu treffen. Birgit verabschiedete sich auch noch um anschließen weiter nach Finisterre zu gehen. Christian und ich fuhren in einer fünfstündigen Fahrt mit dem Überlandbus nach Porto um dort in ein kleines Hostel einzuchecken. Glücklicherweise wurde vom Hostel eine Stadtführung in Porto angeboten. Wir entschlossen uns dies in Anspruch zu nehmen und lernten hier noch zwei Deutsche und eine Litauerin kennen. Alleine schon wegen der Besichtigungstour, die ein junger Student durchführte und die komplett in Englisch abgehalten wurde, lohnte sich die anstrengende Busreise nach Porto. Beim Abendessen im Hotel, welches wir uns in der kleinen Küche zubereiteten checkte ein Paar aus meiner Nachbargemeinde ein.

Da musste man dreitausend Kilometer Reisen um endlich jemanden aus dem gleichen Landkreis zu treffen. Am darauffolgenden Morgen gingen wir noch los um den Hafen von Porto zu inspizieren, da meine U-Bahn zum Flughafen erst mittags fuhr. Später beim Fahrkartenkaufen am Automaten, wäre noch das besonders freundliche Bahnpersonal in Porto zu benennen, die sofort auf Touristen zugingen um Hilfestellung zu geben. Dann war es auch soweit, dass Christian, der mir so sehr geholfen hatte, und ich uns verabschiedeten. In der kurzen U-Bahnfahrt setzte ich mich gegenüber einem deutschen Paar, die allem Anschein nach auf dem Weg in die Heimat waren. Wir kamen schnell ins Gespräch und so erfuhr ich, dass beide von Porto aus nach Santiago gehen wollten, jedoch er am ersten Tag auf den ersten Kilometer umgeknickt war und die Reise ein schnelles und jähes Ende gefunden hatte. Er war schon öfters lange Touren gegangen und dieses Mal wollte endlich auch mal seine Frau mitgehen – aber, so meinte er, es hatte nicht sollen sein! Am Flughafen angekommen verkürzten wir uns noch die Zeit bei einer Tasse Kaffee. Dann begann die letzte Etappe - der Heimflug. Vorher stand aber noch der Check in an. Wie von mir befürchtet, weigerten sich das Flughafenpersonal und das Sicherheitspersonal mich mit meinem Pilgerstab, der mir so oft auf den bergigen Etappen gute Dienste geleistet hatte, ins Flugzeug steigen zu lassen. Der Sicherheitsbeamte titulierte meinen Stab sogar als Waffe.

Leider blieb mir nichts anderes übrig als den Stab an einen Cola Automat gelehnt in Porto zurückzulassen. Der Rückflug ging dann über Mallorca und München, wo ich nachts um elf Uhr landete und von meiner Frau und meinen drei Kindern in Empfang genommen und abgeholt wurde. Der positive Aspekt an der vorzeitigen Heimreise war die Tatsache, dass ich an meinem siebenundzwanzigsten Hochzeitstag zurückgekehrt war und am kommenden Tag den neunzehnten Geburtstag meiner Tochter mitfeiern konnte. So wendete sich die unverhoffte Rückreise in eine positive Wiedersehensfeier.

Nachlese

Ich denke, dass der Jakobsweg auch heute, oder gerade in der heutigen Zeit immer noch einen bleibenden Eindruck bei jedem Pilger hinterlässt. In jedem Pilger hinterlässt diese Zeit auf dem Camino Eindrücke, die ihm in seinem folgenden Leben immer wieder einholen und beeinflussen werden. Über keinem Urlaub kreisen auch heute noch so oft meine Gedanken wie über dem Jakobsweg. Der Camino hat keinen anderen oder besseren Menschen aus mir gemacht, er hat mich nicht dazu veranlasst mein Leben oder meine Gewohnheiten radikal zu ändern. Er hat aber sehr wohl meine Sinne und Geist geschärft und in mir ein Bewusstsein hinterlassen welches positiv zum Leben und meinen Mitmenschen steht. Die Veränderungen waren nicht radikal sondern eher fein und für Außenstehende im ersten Moment vielleicht gar nicht sichtbar. Für mich war es ein Bedürfnis mir zu beweisen, wie weit ich meinen Körper und Geist unter Kontrolle habe und wo in beiden Bereichen meine Grenzen sind.

Die langen Märsche alleine mit mir gaben mir Zeit über viele Lebenssituationen abschließend nachzudenken und ins Reine zu kommen. Am Ende des Weges trug mich eine so vollkommene Harmonie, die ich weit danach in mein Leben hineinretten konnte und von der ich auch heute noch zehre. Ich bin dankbar, dass ich auf meinem persönlichen Weg so viele Menschen aus verschiedenen Völkern und Nationen kennenlernen durfte und viele von ihnen für kurze Zeit als gute Freunde und wertvolle Weggefährten begrüßen durfte. Die Erfahrung, dass Freundlichkeit und Offenheit noch nicht aus unserer Welt verschwunden sind, war Grund genug diesen Weg zu gehen.

Als meine Frau mich auf dem Flughafen in die Arme nahm war ihre erste Frage, ob ich den Weg noch einmal gehen würde. Damals erwiderte ich, mit einer ziemlichen Gewissheit, dass es eher nicht in Frage kommen würde. Aber schon zwei Wochen später, nach einer gewissen körperlichen Erholung, relativierte ich meine Aussage und schloss einen erneuten Besuch in Santiago de Compostela nicht mehr aus. Vielleicht mache ich die weit über eine Million Schritte nochmal – wer weiß.

Jede Reise hat zwei Höhepunkte: den einen, wenn man hinausfährt, erlebnishungrig und voller Erwartung
-und den anderen, wenn man heimkehrt, gesättigt von den Eindrücken und in Vorfreude auf das eigene Zuhause.
Heinrich Spoerl

Eigene Notizen:

Herstellung und Verlag:
BoD - Books on Demand, Norderstedt
ISBN 978-3-7347-6544-5